KB097920

우정, 나의 종교

우정,

나의
종교

슈테판 츠바이크 지음
오지원 옮김

세기말, 츠바이크가 사랑한 벗들의 기록

유유

서문을 대신하여

츠바이크와 그가 사랑해 마지않은 친구들을 추모하며

슈테판 츠바이크는 소설가이자 전기 작가로서 일찌감치 전 세계 지식인을 매료시켰다. 그러나 평론, 강연, 편지를 포함한 그의 산문은 아직 많이 소개되어 있지 않다. 이런 글들을 읽으면 츠바이크의 성격과 교우관계, 사람됨, 일처리, 정치적 태도 등을 엿볼 수 있기에 그에 대한 이미지가 더욱 풍부해지고 그는 곧 우리 머릿속에서 입체적으로 피와 살을 갖추게 된다.

모두 알다시피 츠바이크는 학자형 작가였다. 학자형 작가가 되려면 반드시 고전문학에 대한 소양이 튼튼하게 뒷받침되어야 한다. 츠바이크는 자신이 고른 인물의 전기를 쓸 때면 늘 괴테와 비교하곤 했다. 그는 현대의 수많은 작가를 연구할 때 괴테를 기초로 삼아야 하며 누구도 괴테

를 벗어날 수 없다고 생각했다. 츠바이크는 괴테를 정밀하
게 연구했다. 츠바이크가 인물의 성격을 묘사하고, 실연을
서술한 대목은 어찌나 정밀한지, 이것만 보고도 그가 고전
문학에 얼마나 조예가 깊은지 알 수 있다. 고전문학의 기초
없이는 현대문학이라는 마천루를 세울 수 없다.

　츠바이크가 쓴 작가의 전기로는 횔덜린, 톨스토이, 니
체, 발자크, 스탕달, 디킨스 등이 있다. 그는 이들의 삶과 작
품을 정밀하게 분석했다. 정치 인물로는 메리 스튜어트, 마
리 앙투아네트 등이 있다. 츠바이크는 이들의 생활과 시대
역시 생동감 있게 묘사했다. 자신만의 독특한 품격을 갖추
지 못했다면 빽빽한 숲처럼 펼쳐진 수많은 전기 작품 중에
서 독자의 호감을 얻고 인구에 회자될 좋은 작품이 되지는
못했을 것이다

　츠바이크가 쓴 전기의 특징은 해당 인물과 작품, 관련
사료를 깊이 연구한 후 심리를 분석한다는 것이다. 그는 인
물의 사상이 발전해 간 궤적을 따라가며 이를 선별하고 취
사선택하여 시대 흐름의 맥락과 연결한다. 이로 인해 프로
이트의 심층 심리학은 츠바이크가 인물의 마음과 사건의
핵심으로 깊숙이 들어갈 수 있는 훌륭한 도구가 되었다.

츠바이크와 프로이트는 스물다섯 살이나 나이 차가 났음에도 편지를 통해 망년지교를 나누었다. 그들은 숭배자와 스승의 관계에 머물지 않고 밀접한 교류를 가지며 우정을 나누었다. 이 둘은 흉금을 털어놓고 사상을 교류하고 서로를 높이 평가했다. 진심으로 걱정하며 사상과 창작이 발전할 수 있도록 서로 적극적인 도움을 주었다. 어려움 속에서 진정한 벗을 알아본다고 했던가. 츠바이크가 따뜻한 도움의 손길을 내밀지 않았다면 여든 살의 늙은 프로이트는 나치의 손아귀에서 벗어나 런던으로 도망칠 수 없었을 것이다.

츠바이크는 부유한 집안 출신으로 사업에 성공하고 이름이 널리 알려졌으면서도 겸손했다. 스승에게는 늘 제자의 예를 갖추었고, 스승이나 벗한 선배들에게 존경, 앙모, 감격의 정을 품었다. 이는 그의 성품뿐 아니라 그가 큰 스승들에게 받은 가르침을 자양분으로 삼을 수 있는 사람이었음을 보여 준다. 그는 프로이트는 물론이고 베르하렌, 고리키, 로맹 롤랑에게도 같은 태도를 취했다.

로맹 롤랑은 츠바이크에 대해 "우정이야말로 그의 종교"라고 말한 적이 있다. 츠바이크처럼 우정과 의리를 중시

한 사람은 보기 드물다. 그는 말만 하는 게 아니라 행동으로 실천하는 사람이었다.

이런 말이 있다. "누가 당신의 친구인지 내게 말해 달라. 나는 당신이 어떤 사람인지 말해 주겠다." 츠바이크는 로맹 롤랑, 고리키 말고도 당시의 저명 작가인 헤르만 헤세, 토마스 만의 아들 클라우스 만 등과 긴밀하게 교류했다. 그들은 서로 마음을 열고 소통했다. 그들이 주고받은 편지에서는 뛰어난 작가들이 나눈 진정한 교류를 볼 수 있다. 츠바이크는 내향적인 성격이었고, 소심해서 타인에게 자신의 속마음을 잘 털어놓지 않았다. 하지만 이 편지들을 보면 츠바이크는 사람들이 잘 모르는 깊은 사상의 소유자였음을 알 수 있다.

츠바이크는 세계주의자였다. 그는 여러 언어에 정통했고 수많은 나라를 다녔다. 그의 친구 중에는 인도의 대시인 타고르와 이탈리아 출신 미국인 지휘자 토스카니니가 있었다. 로맹 롤랑, 타고르와 마찬가지로 토스카니니 또한 츠바이크 부부의 좋은 친구였고, 츠바이크의 잘츠부르크 성을 방문하는 귀한 손님이었다. 츠바이크의 일생에서 음악은 중요한 자리를 차지한다. 그의 노랫말에 저명한 음악가 막스 레거가 곡을 붙이기도 했고, 저명 작곡가 리하르트 슈트라우스를 위해 그가 가곡의 대본을 쓰기도 했다. 토스카니니는 아마도 카라얀 이전 20세기에 세계에서 가장 탁월한 지휘자였을 것이다. 그와 츠바이크의 우정은 서로의 작품에 대한 인정에 기초한 것이었다. 따라서 토스카니니에 대한 츠바이크의 평가는 더더욱 귀하다.

츠바이크는 소년이었을 때 오스트리아의 저명 작가 후고 폰 호프만슈탈을 존경했다. 이 걸출한 시인은 아직 중학생이던 17세에 문단에서 "신동"이라는 평판을 얻었다. 그러나 유명해진 후 그에게 펼쳐진 상황은 그리 아름답지 못했다. 그의 글재주는 점점 퇴보했다. 그런데 츠바이크는 끊임없이 훌륭한 작품을 써내며 유명해져 결국 선배의 유명세를 뒤엎을 지경에 이르렀다. 후배가 자신을 뛰어넘는 걸 본 호프만슈탈은 질투를 감추지 못하고 츠바이크를 불편하게 대했다. 그러나 츠바이크는 호프만슈탈이 불행하게 일찍 생을 마감하자 깊은 애도를 표했다. 그 옛날 자신의 우상을 공정하게 평가한 것을 보면 츠바이크의 넓은 마음과 기개를 알 수 있다.

대학 시절 츠바이크는 벨기에의 현대파 저명 시인 베

르하렌과 교류했다. 20세기 초에는 프랑스 작가들과 깊이 교류했다. 그는 인상주의, 표현주의, 의식의 흐름 또는 내면의 독백파같이 현대파 문학의 각종 유파를 대표하는 인물에 대해 잘 알고 있었다. 1917년에 츠바이크의 반전反戰 극본 「예레미야」가 스위스 취리히에서 상연되었다. 그가 출국한 후 초연이었다. 스위스에 있을 때 츠바이크는 제임스 조이스와 만난 적이 있었다. 츠바이크 자신도 의식의 흐름 기법을 사용했기에 의식의 흐름의 두 거장 마르셀 프루스트와 제임스 조이스에 대해 당연히 잘 알고 있었다. 그는 제임스 조이스의 대작 『율리시스』를 깊이 연구했다. 그러나 츠바이크는 조이스처럼 극단으로 치우치지는 않았다. 그에게 의식의 흐름은 인물의 심리를 그려 내고 내면세계를 발굴하는 도구였을 뿐 의식의 흐름을 위한 의식의 흐름은 원치 않았다. 그는 조이스가 타인의 내면세계를 연구하는 데 세운 공은 긍정적으로 평가했지만 극단적인 의식의 흐름 기법에 대해서는 비판적인 태도를 견지했다. 츠바이크의 평론은 사람들이 조이스를 이해하는 데 도움을 주지만 츠바이크 자신을 이해하는 데도 열쇠가 된다.

　　제1차 세계대전이 발발한 후 민족주의가 전 유럽을 휩

쓸었다. 츠바이크는 당시 집필하고 있던 책에서 적국의 작가였던 발자크, 디킨스, 도스토옙스키를 열정적으로 높이 평가하고, 반전 극본 「예레미야」를 집필함으로써 오스트리아가 반드시 패할 것임을 주장하는 용기를 보여 주었다. 제2차 세계대전 동안 츠바이크가 친구들에게 보낸 편지를 보면 여전히 그의 반파시즘적 태도를 분명히 확인할 수 있다. 전쟁이 발발한 초기에 그는 붓을 내던지고 종군해 반파시즘 행렬에 동참하겠다는 뜻을 표시한 적도 있었다. 이를 보면 그가 정치에 무관심한 상아탑 속 시인이 아니었음을 충분히 알 수 있다.

그러나 츠바이크는 지나치게 예민했다. 그는 정의가 불의를 이기고, 어둠이 꺼지고 동이 틀 것임을 예측했다. 그러나 마음은 지쳐 갔고, 인생을 더 살겠다는 의욕은 사라져 갔다. 그리하여 그는 새벽 동이 트기 전에 두 번째 부인과 함께 자살했다. 이때의 심정은 그가 1942년 2월 22일에 쓴 「유언」에 기록되어 있다. 동시대인과 후대인에게 끝없는 아쉬움을 안겨 준 사건이었다.

중국 인민문학출판사 편집부◆

◆ 이 책은 츠바이크가 남긴 에세이 모음집에서 유사한 주제로 쓰인 글을 골라 묶은 것이기 때문에 따로 서문이 없다. 따라서 중국 인민문학출판사에서 출간한 츠바이크의 산문집에 있는 글로 서문을 대신하기로 한다.—유유출판사 편집부

VALENTIN LOUIS

GEORGES EUGÈNE

MARCEL PROUST

섬세하나 병약한 관찰자,
마르셀 프루스트

✝

　마르셀 프루스트는 1871년 7월 10일 전쟁의 끝 무렵 파리에서 태어났다. 그의 아버지는 부유한 집안 출신의 의사였다. 그러나 아버지의 훌륭한 의술도, 어머니 집안의 막대한 재산도 그의 어린 시절을 구할 수는 없었다. 아홉 살이후 꼬마 마르셀은 단 하루도 건강한 적이 없었다. 불로뉴숲을 산책하고 돌아오던 길에 마르셀은 천식 발작을 일으켰다. 그리고 이 끔찍한 발작은 이후 평생 동안, 그가 마지막 숨을 거두는 순간까지 그의 가슴을 조각조각 옥죄었다.

　아홉 살 이후 그에게는 거의 모든 일이 금지되었다. 여행, 활기찬 놀이, 부산스러움, 경솔함 등 보통 유년기라 하면 떠올리는 모든 것. 그럼으로써 그는 일찍부터 섬세하고, 예민하고, 까칠하고, 신경과 감각이 매우 민감한 관찰자가 되었다. 그는 바깥 풍경을 열정적으로 사랑했다. 그러나 그 풍경을 직접 보는 것은 거의 허락되지 않았다. 특히 봄에는 더더욱. 꽃가루의 가는 입자와 교미하는 대자연이 그의 약한 기관지를 고통스럽게 찔러 댔다. 그는 꽃을 열정적으로 사랑했다. 그러나 향기를 들이마시는 것은 허락되지 않았다. 친구가 단춧구멍에 카네이션 한 송이를 꽂고 방으로 들어서면 꽃을 치워 달라고 정중히 부탁해야만 했다. 또 살롱 테이블에 꽃다발이 놓여 있었다면 그 모임에 다녀온 뒤에는 며칠을 침대에 누워 보내야 했다.

따라서 그는 가끔 굳게 닫힌 자동차를 타고 유리창 너머 보이는 사랑하는 색의 향연과 풍경을 감상하러 나가곤 했다. 결코 닿을 수 없는 그 풍경을 읽기 위해 그는 여행길에 책, 책, 수많은 책을 가지고 갔다. 한번은 베니스까지 갔고, 몇 번은 바닷가로 갔다. 그러나 여행에서 돌아오면 매번 너무 많은 대가를 치러야 했다. 그는 자신을 파리 안에 영영 가두어 둘 수밖에 없었다.

그럴수록 인간에 관한 그의 인식은 점점 더 섬세해졌다. 대화하는 목소리의 미묘한 떨림이라든지, 여성의 머리에 꽂혀 있는 핀 하나, 누군가가 테이블에 앉고 일어서는 모습 등 사교계의 가장 섬세한 장식들이 무엇과도 비교할 수 없이 확고하게 그의 기억 속 깊숙이 고정되었다. 찰나의 디테일이 아래위 두 속눈썹 사이에서 항상 깨어 있는 눈을 사로잡고, 이어지고 표현되고 우회하고 정체하는 대화가 소리의 진동으로 여과 없이 그의 귓가에 머물렀다. 나중에 그의 소설에 등장하는 노르푸아 백작의 대화 장면은 이런 바탕이 있었기에 가능한 것이었다. 150페이지에 달하는 그 대화는 한 호흡도 모자라지 않고, 우연한 움직임 하나 없고, 머뭇거림도 없고, 어느 하나 대충 넘어가는 곳이 없었다. 그의 눈은 다른 모든 피로한 신체 기관을 대신해 항상 깨어 움직이고 있었다.

그의 부모는 그가 대학에 진학해 외교관이 되기를 바랐다. 그러나 몸이 약한 탓에 모든 계획은 수포로 돌아갔다. 서두를 필요는 없었다. 그의 부모는 부유했고, 어머니는 그를 신처럼 떠받들었다. 그리하여 그는 서른다섯 살이 될 때까지 실은 가장 가소롭고, 가장 어리석고, 아무 의미도 없는 한량 생활을 계속하며 살롱과 사교계에서 세월을 낭비했다.

그는 스스로 속물인 체하며 사람들이 사교 모임이라 부르는 모든 모임에 참석했고, 부유한 한량들이 여는 그 모임에서 환대받았다. 15년 동안 사람들은 어느 살롱에서나 다정하고, 수줍음 많고, 경탄으로 사교계 부인들을 사로잡는 이 젊은이가 수다를 떨거나 누군가의 비위를 맞추거나 즐거워하거나 지루해하는 모습을 볼 수 있었다. 도처에서 그는 대화에 스며들었고, 놀랍게도 포부르 생제르맹의 높으신 귀족들까지도 이 무명의 침입자를 기꺼이 맞아들였다. 이것은 사실 그에게 무척 영광스러운 일이었다. 왜냐하면 젊은 마르셀 프루스트는 그런 자리에 낄 자격을 전혀 갖추고 있지 않았기 때문이다. 그는 눈에 띄게 잘생기지 않았고, 특별히 우아하지도 않았으며, 귀족 혈통이거나 유대인 어머니를 둔 것도 아니었다. 문학적 성취 또한 당시에는 내세울 만하지 않았다. 얇은 책『즐거움과 그 나날』이 아나톨 프랑스의 호의적인 서문을 싣고 출간되기는 했지만, 딱히 영향력을 갖거나 성공을 거두지는 못했다. 그를 인기인으로 만든 것은 오로지 그의 관대함이었다.

그는 모든 여자에게 값비싼 꽃을 뿌려 댔고, 모두에게 기대치 않은 선물을 안겼다. 누구든 초대해 가장 한심한 작자에게도 호감을 사려고 골머리를 앓았다. 리츠 호텔에서 그는 식사 초대를 자주 하고 팁을 많이 주기로 유명했다. 미국에서 온 억만장자보다 열 배나 많은 팁을 주었는데, 그가 로비로 들어서면 모두 모자를 벗고 납작 엎드렸다. 그가 대접하는 식사는 언제나 화려한 낭비와 미식의 성찬이었다. 도시의 여러 가게에서 모든 곳의 특산물을 가져오도록 했다. 리브 고슈 지역 어느 가게의 포도, 칼튼의 영계, 니스의 첫 포도주가 테이블로 날라져 왔고, 상대방에게는 그러기를 요구하지 않으면서도 그 자신은 온 파리 사람에게 끊임없이 공손함과 호감을 표하려 애썼다.

그러나 사교계 내부에서 그의 위치를 더욱 확고히 한 것은 그가 물 쓰듯 뿌린 돈 때문이라기보다는 사교계의 관례에 대한 그의 병적인 외경심이라든지, 예의범절에 대한 노예 같은 신격화, 우스꽝스러운 모든 관습과 사교계 부인들을 숭배해 마지않는 태도 때문이었다. 그는 귀족 사회의 풍속을 성서인 양 숭배했다. 어째서 X 공주가 L 백작을 테이블 저쪽 끝에 앉히고 R 남작을 이쪽 끝에 앉혔는지 같은 테이블 자리 배치 문제에 종일 열중했다. 사소한 험담 하나하나, 금방 사라질 스캔들이 온 세상을 요동치게 하는 대재앙처럼 그를 흥분시켰다. 그는 사람들을 붙잡고 열다섯 번이나 M 후작부인 초대 순번의 숨겨진 규칙이 무엇인지, 그때 다른 귀족부인은 왜 F씨를 극장의 칸막이 좌석에서 맞이했는지 따위를 물어 대곤 했다. 이런 열정으로, (나중에 그의 작품을 지배하게 될) 이렇게 아무것도 아닌 것들을 진지하게 받아들이는 태도로, 그는 스스로 이 우습고 장난스러운 세계에서 의식의 대가라는 지위를 획득하게 된다.

훌륭한 정신이자 우리 시대의 위대한 인물 중 하나인 그는 이런 식으로 빈둥거리며 사교계 모임을 오가는 의미 없는 생활을 15년 동안이나 계속한다. 낮에는 침대에 누워 녹초가 된 상태로 열에 시달리며, 저녁에는 연미복을 차려입고 이 모임 저 모임 발걸음을 재촉하며, 초대와 편지와 잡다한 행사들로 시간을 허비하며. 매일매일 반복되는 이 허영의 춤사위에 너무나 넘치는 존재였던 그는 어디에나 있었으나 어디에서도 진짜로 주목받지는 못했다. 실은 그저 턱시도를 입고 흰 벨트를 맨 수많은 사람 중 하나일 뿐이었다.

다만 그에게는 다른 이들과 구분되는 점이 한 가지 있긴 했다. 그는 매일 저녁 집에 돌아와 침대에 몸을 누이면 바로 잠들지 못하고 그날 관찰하고 보고 들은 것을 종이 쪼가리에 가득가득 써 나가곤 했다. 그것은 차츰 종이 더미를 이루어 커다란 서류철에 보관되었다. 단순히 궁정의 신하인 척하며 뒤로는 시대의 심판자 역할을 했던 생시몽처럼 그는 매일 저녁 파리의 모든 공허한 것과 흘러가 버리는 것을 메모하고 논평하고 계획적으로 밑그림을 그렸다. 어쩌

—

면 언젠가 한 번쯤은 이 덧없는 것들을 영속하는 것으로 변모시킬 수 있을 터였다.

당신이 심리학자라면 이쯤에서 한 가지 질문을 던지고 싶다. 과연 무엇이 먼저였을까? 마르셀 프루스트라는 무능력한 병자는 15년 동안이나 어리석고 무의미한 이 속물의 삶을 살며 내면에서 우러나는 순수한 기쁨을 느꼈고, 그 쪽지들은 말하자면 고작 너무 빨리 끝나 버린 사교 놀이의 여운에 불과했던 것일까? 아니면 그는 화학자가 실험실로 향하듯이, 식물학자가 초지로 나가듯이 살롱에 가서 오직 하나뿐일 위대한 작품을 쓰기 위한 소재를 그러모았던 것일까? 그는 그냥 그런 척했을 뿐일까, 아니면 정말로 그런 사람이었을까? 시간을 허비하며 사는 수많은 사람 중 하나였을까, 아니면 더 높은 차원의 다른 제국에서 보낸 염탐꾼이었을까? 그가 사교계를 기웃거린 이유는 단지 그것이 그의 쾌락이었기 때문일까, 아니면 철저히 계산된 행동이었을까? 예의범절에 대한 이 말도 안 되는 열정이 그의 삶 자체이고 필수 불가결한 욕구였을까, 아니면 열정적인 한 분석가의 대단한 위장이었을까!

만약 이 모든 이유가 그 안에서 독창적이고 신비롭게 한데 잘 어우러져 그의 예술가로서의 본성이 전혀 발현되지 않았더라면 운명이 모진 손으로 그를 부담 없고 가벼운 잡담의 세계에서 갑자기 낚아채 온통 먹구름으로 뒤덮인 어두운 세계로 몰아넣는 일은 없었을지도 모른다. 그 세계는 간혹 내면의 빛으로 희미하게 밝혀지기는 했지만 그뿐이었다. 갑자기 모든 것이 달라졌다.

1903년에 그의 어머니가 사망했고, 얼마 지나지 않아 의사들은 나날이 심해져만 가는 그의 고통이 영영 회복될 수 없다는 판정을 내렸다. 마르셀 프루스트는 단 한 번의 결심으로 자신의 인생을 영원히 다른 방향으로 돌려놓았다. 그는 자신을 오스만 대로의 작은 방에 굳게 가둔 채 무료함 안에서 소요하던 게으름뱅이에서 휴식 따위는 모르고 격렬히 일하는, 이 시대의 문학계가 경탄해 마지않는 작가로 변해 갔다. 밤사이 그는 산산이 흩어진 사교의 즐거움에서 빠져나와 가장 외로운 고독 속으로 자신을 몰아넣었다. 하루 종일 침대에 누워 끝없는 기침과 경련으로 비쩍 마른 몸을 벌벌 떨며 지내는 것이 이 위대한 작가의 비극적인 초상이었다.

그는 셔츠 세 벌을 껴입고 솜으로 누빈 스카프를 두른 채 손에는 두툼한 장갑까지 꼈다. 그러고도 추위에 떨고 또 떨었다. 벽난로에서는 쉴 새 없이 장작불이 타올랐고, 아스

팔트 틈에서 자라난 빈약한 밤나무 몇 그루가 그의 후각을 고통스럽게 했기 때문에 창문은 한 번도 열린 적이 없었다 (파리에서 제일 예민한 폐를 가진 그였다). 썩어 가는 짐승의 시체처럼 항상 침대에 몸을 웅크리고 누워 거칠고 힘겹게 약에 찌든 숨을 내뱉었다.

늦은 밤이 되어서야 그는 간신히 몸을 일으켜 약간의 빛과 섬광 같은 것, 그가 사랑해 마지않는 예의범절의 영역이라든지 품위 있는 얼굴들을 보러 갈 수 있었다. 하인은 그에게 억지로 턱시도를 입히고, 세 겹이나 껴입은 몸을 수건으로 둘둘 말아 모피로 감싸 주었다. 그런 채로 몇몇 사람과 이야기를 나누고 그가 숭배하는 호화로움을 보기 위해 리츠 호텔로 갔다. 삯마차가 밖에서 밤새도록 기다리고 있다가 기진맥진한 그를 다시 침대로 실어 날랐다.

마르셀 프루스트는 사교 모임에 다시는 나가지 않았다. 아니, 한 번은 예외도 있었다. 소설을 쓰기 위해 높은 귀족계급 사람들은 어떻게 행동하는지에 대한 디테일이 필요할 때였다. 놀랍게도 그는 사강 대공을 관찰하기 위해 외알 안경까지 쓰고 한 살롱으로 힘겨운 몸을 이끌었다. 또 한 번은 밤중에 고급 매춘부의 집을 찾았다. 20년 전에 그녀가 불로뉴 숲에서 썼던 그 모자를 아직 가지고 있는지 묻기 위해서였다. 오데트를 묘사하려면 그것이 꼭 필요했다. 그러나 그는 무척 실망스럽게도 그런 모자 따위는 벌써 오래전에 하녀에게 줘 버렸다는 그녀의 비웃음 섞인 대답을 들어야만 했다.

녹초가 된 그는 리츠 호텔에서 집까지 차에 실려 왔다. 늘 불을 때고 있는 난로 위에 그의 잠옷과 스카프가 걸려 있었다. 이미 오래전부터 그는 온기가 없는 옷을 몸에 걸칠 수 없었다. 하인이 옷으로 그를 감싸 침대로 데려갔다. 그리고 거기, 납작한 테이블이 앞에 놓인 바로 그 자리에서 그는 소설 『잃어버린 시간을 찾아서』를 성글게 써 나가기 시작했다. 스무 개도 넘는 서류 뭉치가 벌써 소설의 초안으로 꽉꽉 찼다. 침대 앞에 놓인 안락의자와 테이블 위에, 곧 침대 위조차 쪽지와 종이 들이 수북이 쌓여 갔다. 그는 그런 식으로 매일 밤낮 깨어 있는 모든 시간 동안 장갑 낀 손을 덜덜 떨면서도 계속해서 쓰고, 쓰고 또 썼다.

때때로 친구가 방문하면 그는 모든 호기심의 촉수를 총동원해 사교 모임의 가장 세밀한 부분까지 꼬치꼬치 캐물으며 이제는 잃어버린 사교계의 흔적을 쇠잔하게 더듬었다. 그는 여러 인물에 대해 아주 상세한 정보를 얻기 위해 사교계의 이런저런 추문들을 이야기해 달라고 친구들을 닦

달해 댔고, 그들이 실어 나른 정보를 거의 신경증적인 탐욕으로 메모했다. 이 열기는 차츰 더 격렬하게 그를 잠식했다. 마르셀 프루스트, 이 열에 들뜬 가엾은 인간의 생명은 점점 쇠약해지다 못해 소멸해 갔고, 대단한 규모의 작품, 소설보다는 소설 연작이라는 말이 더 어울리는 『잃어버린 시간을 찾아서』는 점점 더 확장되고 자라났다.

그는 1905년에 집필을 시작했고, 1912년에는 작품이 완성되었다고 생각했다. 분량은 두꺼운 책 세 권이 될 거라고 예상했지만 인쇄 기간 동안 계속 양이 늘어난 탓에 열 권이 되었다. 이제 출판 문제가 그를 괴롭히기 시작했다.

마흔 살의 마르셀 프루스트는 전혀 유명하지 않았다. 아니, 유명하지 않은 정도가 아니었다. 상황은 그보다 훨씬 나빴다. 문학계에서는 이미 그에게 불리한 평판이 나돌고 있었다. 마르셀 프루스트라는 작자는 사교계 출신의 속물인데, 『피가로』 따위의 잡지에 실리는 이런저런 살롱의 일화에나 이름을 올리는 세속적인 소설가 나부랭이라는 것이었다. 심지어 독서 수준이 낮은 독자들은 마르셀 프루스트를 마르셀 프레보와 착각하기도 했다. 그런 자에게서 좋은 작품이 나올 리 없었다.

정공법으로는 전혀 가망이 없었다. 그의 친구들은 인

맥을 동원해 출판할 방법을 찾으려 노력했다. 높은 귀족 하나가 『누벨 르뷔 프랑세즈』의 편집장인 앙드레 지드를 집에 초대해 원고를 건네주었다. 그러나 지금은 이 작품으로 떼돈을 벌어들이고 있는 『누벨 르뷔 프랑세즈』는 단칼에 출판을 거절했고, 『메르퀴르 드 프랑스』와 올랑도르프 출판사도 마찬가지였다. 마침내 한 용감한 신생 출판업자가 모험을 감행해 보겠다고 나섰지만, 1913년 이 위대한 작품의 첫 권이 출판되기까지 무려 2년이라는 시간이 걸렸다. 그러나 성공이 막 그 날개를 펼치려 할 때 전쟁이 발발했고, 날개는 곧 꺾이고 말았다.

전쟁이 끝난 후, 이 책의 다섯째 권까지 출간되고 나서야 프랑스를 비롯한 전 유럽이 우리 시대의 가장 특별한 문학작품을 알아보기 시작했다. 그렇지만 명성이 다 무슨 소용이랴. 마르셀 프루스트는 이미 쇠약하고 열에 시달리는, 불안한 인간의 한 파편일 뿐이었다. 꺼져 가는 그림자였고, 자신이 집필한 작품이 모두 출간되는 것만이라도 지켜보려 안간힘을 다해 버티고 있는 가엾은 병자였다.

아직도 저녁이 되면 그는 리츠 호텔로 힘겨운 발걸음을 옮겼다. 그는 이미 침대를 무덤으로 느끼고 있었다. 그래서 호텔에 차려진 테이블에 앉아 혹은 수위실 칸막이 안에서 원고의 최종 인쇄본을 퇴고하고는 했다. 집에 돌아가면 금세 날개를 다친 새처럼 끝없이 침잠해 갔다. 마취제에 취해 무기력해지고, 카페인의 자극 없이는 친구들과 짧은 대화를 나누거나 새로운 작업을 하기도 힘들었지만 오직 이곳, 그가 그토록 사랑하던 사교계의 장면이 눈앞에 희미하게 펼쳐지는 곳에서만은 마지막 힘을 짜낼 수 있었다.

통증이 급격히 심해질수록 그는 닥쳐오는 죽음을 따돌리기 위해 더욱더 격렬하고 탐욕스럽게 일에 몰두했다. 그는 오래전부터 늘 괴롭혀 대기만 하고 도움은 주지 못했던 의사들을 더 이상 만나고 싶어 하지 않았다. 그렇게 홀로 투병하던 그는 1922년 11월 18일에 결국 사망했다.

엄습하는 소멸의 기운에 사로잡혀 있던 생의 마지막 날들에도 그는 피할 수 없는 운명에 예술가의 유일한 무기로 맞섰다. 그것은 관찰이었다. 그는 마지막 순간까지도 용감하게 맑은 정신으로 스스로의 상태를 분석했다. 그 메모들은 수정본에서 작중 등장인물인 베르고트의 죽음을 더욱 명확하고 진실에 가깝게 묘사하도록 만들어 줄 것이며, 작가는 모르고 오직 죽어 가는 사람만이 알 수 있는 마지막 순간의 가장 내밀한 디테일들을 더해 줄 것이었다. 살아 있는 그가 마지막으로 한 행동은 바로 똑똑히 관찰하는 것이었다. 그리고 쏟아진 약들로 더럽혀진 채, 이미 반쯤 차갑게 굳어진 손으로 써 내려가 필체를 거의 읽을 수도 없는 지경의 쪽지가 죽은 자의 침대 옆 탁자에서 발견되었다. 완성까지 수년이 걸릴 테지만 정작 단 몇 분밖에 집필하지 못한 새로운 작품을 위한 메모였다. 그렇게 그는 죽음에게 단단히 한 방 먹였다. 관찰, 예술가의 숭고한 그 마지막 제스처는 죽음의 공포마저 이겨 냈다.

마르셀 프루스트 (1871-1922)

'20세기 소설의 결정체'라 불리는 『잃어버린 시간을 찾아서』의 저자 마르셀 프루스트는 1871년 프랑스 파리에서 태어났다. 그에게는 남다른 점이 몇 가지 있었는데, 집안이 매우 유복했다는 점, 이런 부를 바탕으로 젊은 날 거의 모든 사교 모임에 참석해 한량 생활을 즐겼다는 점, 어릴 때부터 천식을 앓아 평범한 일상생활을 할 수 없었다는 점, 바깥출입을 자유로이 할 수 없던 이런 제약이 그를 더욱 섬세하고 예민하고 민감한 관찰자로 만들었다는 점이다. 어머니가 돌아가시고, 병세가 회복 불능 상태를 보이자 그는 『잃어버린 시간을 찾아서』 저술에 몰두했고, 1922년 작품의 완간을 두 눈으로 보지 못하고 사망하고 말았다.

SIGMUND
FREUD

**강인한 정신과 선한 마음,
지그문트 프로이트**

1939년 9월 26일 런던 화장터에서 말하다.

—

　지그문트 프로이트의 오스트리아 빈 출신 친구, 나아가 한 시기를 함께 살았던 사람으로서 여기 누구보다 유명한 이가 잠든 관 앞에서 그가 자신의 저서를 통해 훌륭히 발전시키고 세련되게 가꾼 바로 이 언어로 가슴속 깊이 있던 감사의 말을 몇 마디 할 수 있도록 허락해 주시기 바랍니다. 무엇보다 먼저 그를 애도하기 위해 이 자리에 모인 우리 모두가, 그는 이제 살아가지 못할 역사적인 순간을 살아가고 있다는 점을 상기해 주십시오. 우리는 사람이 죽을 때 몸이 차갑게 식어 가는 그 짧은 몇 분 동안 그들의 현존, 우리와 함께 있음의 상태가 영원히 끝나고 만다는 것을 알고 있습니다. 그러나 여기 관에 누운 이 한 사람의 경우, 그의 죽음이란 이 위안 없는 시대에 그저 순간적인 것일 뿐이며, 흡사 실체도 없는 일입니다. 이 사람이 우리에게서 떠나간다는 것은 종말도 아니고 힘든 끝맺음도 아닙니다. 절멸하는 존재에서 불멸하는 존재로 슬쩍 옮겨 가는 것뿐입니다. 오늘 우리가 그의 덧없는 육체를 가슴 아프게 상실함으로써 그의 작품과 존재의 불멸성은 오히려 구원받았습니다. 영적인 의미에서 보면 이 공간에서 아직 숨 쉬고 살아서 말을 하고 듣는 우리 모두는 여기 좁은 관에 누워 있는 이 위대한 죽은 자에 비하면 1,000분의 1도 더 살아 있지 못합니다.

제가 여러분 앞에서 지그문트 프로이트의 업적을 찬양할 것이라 기대하지 마십시오. 그가 이룬 일을 모르는 분이 계십니까? 우리 세대 사람들 중 그의 업적을 내면화하고 받아들이지 않은 자가 있습니까?

이 위대한 인간 정신의 업적은 여러 언어를 통해 그야말로 불멸하는 전설이 되었습니다. 이제 우리는 그가 반무의식의 어스름 속에서 써 내려간 개념과 어휘 들을 상실했고, 그리워합니다. 이런 언어가 대체 어디에 또 있을까요? 도덕, 교육, 철학, 문학, 심리학, 이 모든 인문학적이고 예술적인 창작의 영역이 두 세대 혹은 세 세대 전부터 그로 인해 풍부해지고 그 가치가 상승했습니다. 그의 업적에 대해 전혀 모르거나 그의 견해에 동의하지 않는 사람도, 그의 이름을 들어 본 적 없는 사람도 자신도 모르는 사이에 그의 정신적인 업적에 빚을 지고 있을 것입니다. 그의 사유와 인식이 없었다면 20세기를 사는 우리는 지금과는 달랐을 겁니다. 그의 앞서 나간 사유와 내면을 향한 힘찬 동력이 없었다면 우리는 모두 더 속 좁고, 편협하고, 답답하고, 자유롭지 못하고, 공정하지 않은 사람이 되었을 겁니다. 우리가 마음의 지평선을 넘으려 할 때마다 그의 정신의 빛이 우리의 길을 비춰 줄 것입니다. 지그문트 프로이트가 발견자와 지도자로서 창조하고 해석했던 모든 것은 앞으로도 우리와 함께할 것입니다. 오직 그 자신만이, 그 누구보다 훌륭하고 어떤 사람으로도 대체할 수 없는 그 친구만이 우리 곁을 떠났습니다.

우리는 어린 시절에 쇼펜하우어가 현존의 가장 고귀한 형태라 일컬었던 도덕적인 존재, 즉 영웅적인 삶이 피와 살로 이루어진 실재로 우리 눈앞에 나타나는 것을 그다지 바라지 않았습니다. 우리는 모두 이렇게나 서로 다른 사람들임에도 이 점에 있어서는 별 차이가 없으리라 생각합니다.

소년 시절에 우리는, 일생에 한 번은 명성이나 허세에 관심이 없고 자기 자신보다는 인류 전체를 위해 그 풍족하고 책임감 강한 정신을 바치려는 영웅을 만나 그의 곁에서 자신을 형성하고 성장시킬 수 있게 되기를 꿈꿨을 겁니다. 고인은 자신의 삶을 통해 소년 시절 우리가 꾸었던 열광적인 꿈을 이루어 주었고, 성인이 되면서 더욱 엄격해진 도덕적 요구를 채워 주고 그것에서 비롯되는 비할 데 없는 정신적인 행복을 선사해 주었습니다.

드디어 그는 이곳에서 공허하고 쉽게 망각하는 시대의 중심에 섰습니다. 무엇에도 현혹되지 않는 순수한 진실의 탐구자인 그는 절대적인 것과 영원히 변하지 않는 것 이외에 세상의 그 무엇도 중요하게 여기지 않았습니다. 여기 이 자리에 와서야 비로소 그는 우리 눈앞에서, 경외심 가득한 우리의 마음 앞에서 가장 고귀하고 완벽한 학자로서의 모습을 드러내었습니다. 그러나 그의 내면의 대담성 또한 드러났습니다. 일면 그는 매사에 세심하게 시험하고 일곱 번이나 재고하고 자기를 의심하는 조심스러운 사람이었습니다. 그가 자신의 지식에 확신을 갖지 못할 때는 그러했습니다. 하지만 확신을 얻은 순간, 그는 온 세상의 저항에 맞서 자신의 인식을 지켜 내는 사람이 되었습니다. 이 세상에 그

—

보다 용감하고 자유롭고 독립적이고 정신적인 사람은 없다는 것을 이 시대를 사는 우리는 다시 한 번 느낍니다. 다른 이들은 감히 찾으려 하지 않고, 말하거나 고백하려 하지도 않는 지식을 찾는 그 용기를 우리는 영원히 잊지 않을 것입니다. 그는 항상, 인생의 마지막 순간까지도 오직 홀로 모든 이에 맞서 아무도 건드리려 하지 않는 것을 과감히 감행했습니다. 인류의 끝없는 지식 전쟁의 시대에 그의 용기가 우리에게 얼마나 큰 귀감이 되었는지요!

그와 개인적으로 알고 지낸 우리들은 절대적인 것을 추구하는 용기 있는 모습 이면에 그가 얼마나 감동적인 겸손함을 지니고 있었는지 압니다. 또한 누구보다 강인한 영혼을 가진 이 사람이 타인의 연약한 영혼을 얼마나 사려 깊게 보듬어 주었는지도 압니다. 강인한 정신과 선한 마음이라는 이 깊디깊은 이중의 울림이 인생의 마지막에는 스스로 이룬 정신적인 세계 안에서 완전한 하모니로 어우러졌습니다. 그 하모니는 순수하고 선명하며 성숙한 지혜로움으로 발현되었습니다. 지난 몇 해 동안 그와 시간을 보낸 적이 있는 사람이라면, 부조리하고 광기로 가득 찬 세상에 관해 그와 나눈 친밀한 대화가 마음에 큰 위로가 되었을 것입니다. 그런 시간을 보내는 동안 저는 젊은이들이 그와 이런 시간을 보냄으로써 나중에 우리가 이 사람의 위대한 영혼에 대해 더 이상 증언할 수 없게 됐을 때 그들이 자랑스럽게 "나는 진짜 현명한 분을 알고 있어. 지그문트 프로이트를 실제로 만났었거든"이라고 말할 수 있다면 얼마나 좋을까 하는 소망을 가졌습니다.

지금 이 시간에 우리에게 위로가 되어 주는 건 그가 모든 업적을 완성했고, 삶 또한 스스로 완결 지을 수 있었다는 사실입니다. 삶의 가장 근본적인 적이라는 육체의 고통을 견고한 정신과 영혼의 인내를 통해 극복해야 한다고 말했던 것처럼, 평생 익숙하지 않은 것에 대한 투쟁 상태에 있었던 것처럼, 그는 자신의 고통에 대항해 투쟁하기를 멈추지 않았습니다. 그렇게 함으로써 그는 인생의 마지막 쓰디쓴 순간까지 의사로서도, 철학자로서도, 자기 자신을 가장 잘 아는 사람으로서도 이상적인 모습으로 남을 수 있었습니다.

사랑하고 존경하는 친구여. 그러한 본보기를 보여 줘서 고맙습니다. 당신의 위대하고 창조적인 삶에도 감사를 보냅니다. 당신이 행한 모든 일과 당신이 남긴 업적에 감사합니다. 당신이라는 사람에 대해, 당신이 우리의 영혼에 드리워 준 것들에 대해 감사를 표합니다. 우리는 이제 당신없이 그 안을 헤매야 하지만, 그래도 한때 당신을 우리에게 보내 준 이 세상에도 고맙습니다. 그렇게 방황할 때 늘 신뢰와 존경을 담아 당신을 떠올릴 것입니다. 당신, 귀중한 친구이자 사랑하는 대가, 지그문트 프로이트여.

지그문트 프로이트 (1856-1939)

정신분석학의 창시자 지그문트 프로이트는 1856년 오스트리아-헝가리 제국 모라비아(현 체코)의 작은 도시 프라이베르크에서 유대인 사업가의 아들로 태어났다. 프로이트가 남긴 가장 큰 업적은 '무의식'의 발견이다. 우리가 인식할 수 있는 '자아'라는 개념 아래 그 깊이를 알 수 없는 심연이 있다는 사실을 처음으로 밝혀냈다. 이 무의식의 발견은 다윈의 진화론, 아인슈타인의 상대성 이론과 더불어 20세기의 사상적 혁명으로 손꼽힌다. 제2차 세계대전의 어두운 그림자가 점점 다가올 무렵 영국 런던으로 망명했고, 1939년 망명지인 런던에서 사망했다. 주요 저서로는 『히스테리 연구』, 『꿈의 해석』, 『성욕에 관한 세 편의 에세이』, 『정신분석 강의』 등이 있다.

PAUL-MARIE
VERLAINE

최초의 보헤미안,
폴 베를렌

✝

　　몇몇 과장된 전설 덕에 젊은 세대는 폴 베를렌의 삶을 무척 낭만적인 것으로 여긴다. 자신을 "불쌍한 렐리앙"이라 일컫은 그는 최초의 보헤미안으로서 소시민적인 문학을 경멸했고, 대천재이자 반항아였다. 그는 반골 기질을 타고났다. 오직 무능력만이 그의 능력이자 저항할 수 없는 마력이었다. 그는 지방 소도시의 지극히 평범한 서민 가정에서 태어났다. 그러나 일순간에 직장과 집에서 찢겨 나가, 방랑의 기쁨을 만끽했다기보다는 항상 두고 온 집과 아내, 아이, 첫 성찬식이 있었던 교회, 다정함과 화해에 대한 향수를 느꼈다. 심지어는 감옥에서 생활하던 때를 그리워하기도 했는데, 억지로 떠도는 자에게는 그곳 또한 일종의 고향 같은 곳이었기 때문이다.

암울한 시절 그를 유혹하고 그와 동행했던 랭보와는 다르게 추방당한 진짜 왕자였던 그는 낯선 짚더미 위, 낯선 공기 안에서만 제대로 숨을 쉴 수 있었다. 베를렌은 그의 의지와는 상관없이 일생 동안 보헤미안이자 자기혐오에 빠진 문인, 시적인 숙취에 시달리는 알코올중독자로 남았다. 세 번, 네 번, 아니 다섯 번, 그는 계속 녹색 압생트의 수렁에서 빠져나와 단정한 시민으로서의 삶이 있는 물가에 안착하려고 노력했다. 그는 곧 농부, 교사, 편집자, 그도 아니면 시청 공무원이 될 것이었다. 그는 늘 고요하고 정돈된 생활로 돌아가고 싶어 했다. 이 영락한 자에게 부족한 것은 의지가 아니라 이전에 살던 부르주아의 삶으로 돌아갈 수 있는 힘이었다. 원래 속했던 평범한 삶에서 떨어져 나가 한 번 구르기 시작하자 그는 멈추지 못하고 공허 속으로 추락했다. 추락에 대한 저항이 생기지 않은 탓에 가장 강력한 힘을 낼 수 없었기 때문이다.

베를렌의 독특한 점은 그에게 엄청난 문학적 재능과 더불어 극도로 영적이고 도덕적인 무기력함이 있었다는 것이다. 그의 운명은 세세한 부분마다 그림 같은 아름다움을 품고 있었다. 그러나 그 본질에는 단 하나의 전환점만 있었을 뿐이다. 그것은 거의 모든 예술가의 삶에서 중심적인 역할을 하는 전형적인 사건이었다. 진정 위대한 사람들의 전기를 훑어보면 알겠지만 운명은 창조적인 인간의 청춘 혹은 생의 한가운데로 엄습해 그를 은신처나 안전한 곳에서 떼어 내고는 낯선 곳에다가 셔틀콕처럼 패대기친다. 위대한 사람은 모두 이렇게 비좁고 익숙하고 유착된 곳에서 빠져나와 완전히 바깥 세계로 달음질치는 도망과 추락을 겪었다. 그 시간이 가끔은 죄인을 묶는 기둥이기도 했고, 가끔은 고독이기도 했으나 변하지 않는 것은 항상 그 당시의 세상에 정면으로 대항하게 된다는 것이었다. 그들이 자진한 것처럼 보이지만 실은 운명이 그들을 그렇게 이끌었던 것이다.

그런 원리에 따라 궁정 지휘자에 임명되었던 리하르트 바그너는 어느 날 갑자기 바리케이드로 돌진하더니 도망 길에 올라야만 했다. 실러는 또다시 칼스슐레를 그만두었고, 대신이었던 괴테는 칼스바흐에서 갑자기 마차를 세우더니 자유롭고 매인 데 없는 현존을 찾아 이탈리아로 떠났다. 그렇게 레나우는 아메리카로, 셸리는 이탈리아로, 바이런은 그리스로 여행을 떠났다. 항상 망설였으나 실은 오래전부터 운명이 자신을 부르는 소리를 들어 왔던 여든 살의 톨스토이는 열에 들뜨고 죽을 만큼 쇠약해진 상태로 원래 살던 대저택을 두고 트로이카의 겨울밤 속으로 피신했다. 위대한 사람은 모두 이렇게 자신이 원래 누리던 안락함에서 마치 탈옥을 시도하듯 급작스럽게 도망쳤다. 격렬하고도 거부할 수 없이 강력한 (그리고 매우 지혜로운!) 충동에 의해 돌연히 자신의 전 존재를 단 한 장의 카드에 거는 이 모든 행동, 이 충동은 시인이 완전함을 좇고, 마치 낯선 별에서 보는 것처럼 영원히 바깥쪽에 머물며 시간과 세계를 지켜볼 수 있도록 했다.

　　강인한 자에게 이러한 폭발 혹은 균열은 그저 곧 회복될 위기일 뿐이다. 그러나 시인 중에서도 연약한 사람은 이 때문에 피를 흘리며 죽어 갔다. 단테는 유배 생활 동안 『신곡』을, 세르반테스는 감옥에서 『돈키호테』를 썼다. 괴테, 바그너, 실러, 도스토옙스키 역시 이전에 비해 훌쩍 깊어진 혜안과 수백 배 커진 힘을 가지고 집으로 돌아왔다. 그들에게는 이 균열이 내면 깊은 곳에 있는 '나'로 향하는 길이었고, 추락이란 곧 삼라만상 속으로 몸을 던지는 일이었다. 반면 연약한 사람들은 끝없는 무無의 나락으로 떨어져 내렸다. 그들을 가두고 있던, 아니 다른 한편으론 그 속박 덕에 멈춰 있는 게 가능했던 (마치 질주하는 말이 끌채로 인해 멈추는 것처럼) 서민적이고 관습적인 생활에서 풀려났지만 타고난 기질 때문이 아니라 신경쇠약, 연약함, 조급함 때문에 모든 예민하고 병약한 본성이 발을 헛디뎠다. 이렇게 그라베♦, 귄터♦♦, 와일드, 베를렌은 구원할 길 없이 가파른 비탈에서 점점 더 미끄러져 인생도, 창작 활동도 녹아 없어져 버렸다.

진정한 위대함을 단지 감동을 주는 것과 혼동하는 감상적인 오류(베를렌의 젊은 시절 전기를 쓰며 바로 내 자신이 이러한 오류를 저질렀다―저자 주)는 미숙한 예술가들이나 저지를 법한 일이다. 베를렌의 삶은 확실히 비극적이었고 가슴 깊이 비통했다고 불릴 만하다. 이렇게 된 이유가 어떤 강제적인 요인 때문이었다면 이 명멸을 삶이 빚어낸 작품으로, 전기적 관점에서의 비극으로 평가할 수 있었을 것이다. 그러나 그 인생의 어떠한 부분에서도 극적인 상승을 보인 지점은 없었다. 그에게는 영웅도, 분투라 부를 만한 것도, 큰 저항도 없었다. 그것은 단지 균열이었고, 붕괴였고, 탈선이었고, 진흙투성이로 더럽혀진 것이었고, 타락이자 추락이었다. 베를렌의 삶에는 그 어느 지점에도 숭고함이란 없었으며 그 어느 지점도 본보기가 될 만큼 위대하지 않았다. 그의 삶은 늘 소인배처럼 견디는 것의 연속이었다. 무기력해서 눈물겨웠고, 연약함으로 울림을 주었으며, 오직

♦ 크리스티안 그라베(1801 - 1836). 독일의 극작가. 광기와 천재성 사이에서 방황하며 술로 나날을 보내다 비참하게 삶을 마감했다.
♦♦ 요한 크리스티안 귄터(1695 - 1723). 요절한 독일의 시인.

멜로디만이 기쁨이 되는 삶이었다. 영웅의 모습을 새긴 대리석이나 청동으로 된 동상 중에 폴 베를렌의 것은 없었다. 그의 삶은 운명이라는 주먹이 덧없지만 망각할 수 없는 고통의 몸짓으로 치대어 놓은, 광신적 인간성의 슬프도록 물렁한 덩어리일 뿐이었다.

폴 마리 베를렌(그의 중간 이름은 개종하던 시기에 숙고해 붙인 것이었다)은 1844년 3월 30일 한 훌륭한 프랑스인 대위의 아들로 로트링겐 지방◆에서 태어났다. 워털루 전투에도 참가한 적이 있는 그의 아버지는 부유한 상속인을 아내로 맞아, 프랑스 상류층의 다른 연금 생활자들처럼 군대에 배치되기를 포기하고 가족과 함께 파리로 이주했다. 그곳에서 그는 투기로 재산을 꽤 많이 잃고 1865년에 세상을 뜬다. 그러나 남은 재산만으로도 소박한 서민 생활을 영위하는 데는 충분했다.

예민하고 신경질적인 소년은 편안한 안락함 속에서 어머니와 사촌 누이의 지극한 보살핌을 받으며 응석받이로 자라났다. 기숙학교에서 보낸 몇 년간은 내성적이지만 믿음직했던 이 아이에게서 작은 개구쟁이 파리지앵의 기질이 발현되는 시간이었다. 노련하고 우스꽝스럽고 무분별하고 지저분한 것들, 그의 인생 말년에 지은 시에서 엿보이는 이

◆프랑스 북동부의 로렌 주.

러한 기질은 1860년 기숙사 침실에서 물들어 온 것이었다. 시인으로서는 사춘기가 찾아옴과 동시에(이것은 베를렌의 전형적인 여성적 특징이기도 한데, '동시에'라는 것은 우연히 그렇게 되었다는 의미는 아니다) 이르다 싶게 창조적인 남성성과 젊은이다운 우울의 토로가 시작되었다. 『사투르누스의 시』는 대부분 학창 시절에 지어졌다. 이 시집은 사촌 누이인 엘리자가 출판 비용을 부담해 르메르 출판사에서 (신기하게도 프랑수아 코페의 첫 시집과 같은 날에) 출간되었고, 언론에서 "적대감이 이룬 멋진 성공"이라는 평을 받았다.

독일에서와 달리 프랑스 시인들에게 있어서 시를 쓴다는 것은 당시에나 지금이나 전적으로 생활의 방편이 되지는 못했다. 아무도 좋은 시를 창작하는 것으로 먹고사는 일을 해결하려 하지 않았다. 따라서 베를렌도 대학 시절 짧은 휴학 후 가족들과 합의를 거쳐 시민계급의 직업을 택하기로 했다. 대부분의 젊은 프랑스 시인은 관공서에 취직했는데, 그곳의 일이 별달리 어렵지 않았기 때문이다. 세 시간쯤 엉덩이로 의자를 데우고 약간 수다를 떤 다음 서류에 무언가를 마구 휘갈겨 쓰는 일은 겉으론 엄청나 보였으나 사실은 쓴 글을 수정하고 문학 소모임에 참여하고 아무 제지

없이 문학에 전념하는 일에 충분한 시간을 할애할 수 있도록 해 주었다.

프랑스 서민들의 이상인 얼마간의 연금은 이 시인에게 아버지의 유산으로 보장되어 있었고, 야망이 있어 그것 때문에 특별히 괴로워하는 타입도 아니었기에 젊은 폴 베를렌은 안락한 부유함 속에서, 지극히 정상적으로, 매우 시민계급적인 삶을 쾌활하게 살아갔다. 모든 것이 보장되어 있고, 잘 통제되어 있는 것처럼 보였다. 그는 어딘가의 사무실에서 부드럽게 게으름을 피우며 아름다운 시를 쓰기 시작해서 30년 후에는 레지옹 도뇌르 훈장을 수여받고 아카데미 회원이 되겠다는 젊은 프랑스 시인의 전형적인 모습을, 그가 과거에 어울렸던 무리들과 아나톨 프랑스나 프랑수아 코페 같은 어린 시절의 죽마고우들이 성실히 걸어간 무리 없는 그 모습을 보여 주려는 듯했다.

이렇게 순하고 평범하고 고요하게 시를 짓는 인생에도 단 한 가지 위험 요소가 있었다. 그에게는 일찍이 모든 종류의 술을 즐겨 마시는 습관이 있었던 것이다. 연약하며 스스로에게 항상 관대했던 베를렌은 압생트나 브랜디, 퀴라소 한 잔을 재빨리 들이켜지 않고는 카페나 주점 앞을 그냥 지나치지 못했다. 그리고 취기는 이 신경질적이고 예민한 사람에게서 갑작스러운 잔인성을 끌어냈다. 그는 고트프리트 켈러가 베를린 시절에 그랬던 것처럼 순간 돌변해 욕을 퍼붓고 친구들을 때려눕혔다. 압생트가 조용하고 완고하게 이 연약한 사람 안의 부드러움과 예민함을 씻어 내면 그는 자신의 본성에서 멀어졌다. 사촌인 엘리자의 죽음 이후 그는 인생에서 처음으로 매우 심각한 위기를 겪었다. 슬픔에 빠져 이틀 동안이나 음식에 손을 대지 않았는데, 역시 슬픔 때문에 이틀 밤낮을 쉬지 않고 술을 마셔 결국 상사에게 주정뱅이라는 질책을 받기에 이르렀다. 그는 자신의 인생에서 단 하나 용서하기 어려운 짐으로 음주와 그에 따른 주사를 꼽았다. 그리고 오로지 그 하나의 문제가 그가 디디고 선 발밑의 땅을 서서히 허물기 시작했다.

그의 인생 최초의 연애 사건조차 전형적인 시민계급다웠다. 한 친구를 찾아갔을 때 그는 어떤 소녀를 알게 되었다. 금발머리를 한 열여섯 살의 마틸드 멍테는 사랑스럽고 다정해 마치 순결과 처녀성의 표상과 같았다. 젊은 시절 원숭이처럼 추하고 수줍음 많고 소심한 데다가 음탕하기까지 했던 베를렌은 모험조차 모퉁이 술집에 들러 술 한 잔을 들이켜듯 재빠르게 조달해야만 하는 낭만주의자였다. 따라서 그는 이 뽀얀 소녀에게서 즉시 성녀와 구원자, 구세주를 보았다. 그는 술 마시기를 중단하고 얌전한 시민계급의 구혼자가 되어 그녀의 부모를 찾아가 존경을 담아 청혼하고 약혼식을 올렸다. 그는 고등학생처럼 다정하고 충실하게 그녀를 찬양하는 편지를 썼다. 단지 그 내용만은 결코 고등학생 수준이 아니라 순결한 신부를 위해 쓰인 훌륭한 시들이었고, 그것은 그의 가장 아름답고 순수한 청춘의 시집 『고운 노래』로 묶였다. 한순간 내밀하고 관능적인 것과 그의 본성의 음침함이 순수한 열정 속으로 한데 섞여 녹아들었고, 탄호이저의 광기는 더 이상 보이지 않았다. 흐느끼는 듯했던 예전의 우울은 시의 멜로디 속으로 남김없이 용해되었다.

그러나 이렇게 시작된 평화로운 생활 속으로 프로이센의 대포가 우레와 같은 소리를 내며 침범했다. 1870년에 전쟁이 발발했고, 그는 사랑에 빠진 연인으로서는 원치 않는, 앞으로 발생할지도 모를 징집에 앞서 결혼식을 성사시켰다. 독일군은 이미 스당까지 와 있었다. 그리고 (또 다른 적 신호인) 맹렬 여성 루이즈 미셸이 그의 결혼식에 입회인으로 참석했다.

이런 여러 전조 아래 성립된 결혼 생활은 그다지 좋지 않았다. 게다가 작은 위기와 재앙이 겹쳐 왔다. 정치에 무관심했음에도 베를렌은 파리코뮌 당시 시청으로 출근하지 않고 혁명정부에서 신문 기사를 비교해 맞추어 보는 일을 맡았다. 혁명이 실패로 돌아간 후에는 그의 지위도 더 이상 안전하지 않았다. 원래의 직책으로 돌아갈 수 있었지만 그는 사무실 일에 신물이 났다. 더 이상 돌아가기를 원하지 않았다. 이러한 변혁의 시기에 불안은 모든 사람의 생활 구석구석까지 침입해 바스락거린다(이 시대에 우리가 직접 겪은 것처럼 말이다). 전 세계에 불어 닥친 자유를 갈망하는 거센 바람이 그에게도 불을 붙였다. 베를렌은 장인, 장모와 함께 사는 것이 더 이상 편안하지 않았다. 직장에서 하는 일도 더 이상 만족스럽지 않았다. 그는 화를 이기지 못해 술을 마셨고, 취한 상태에서 더욱 포악해져 불화는 점점 심해져 갔다. (곧 베를렌의 아들이 태어날) 가정은 겨우 겨우 유지되고 있었다.

그 안의 모든 것이 탈출하고자 하는, 뚫고 나가고자 하는 욕망을 향해 돌진하고 있었다. 마치 괴테가 이탈리아로 도피를 감행하기 전 지루한 아첨꾼 시절의 끝자락에 흥분으로 들끓었던 것처럼 그의 내면도 부글부글 끓어올랐다. 그는 어딘가로 떠나고 싶었지만, 좋은 쪽으로든 나쁜 쪽으로든 한 번도 자신을 해방시켜 본 적 없는 이 허약한 사람에게는 밀치고 나갈 힘이 없었다. 누군가 다른 사람이 그를 떠밀어 주어야 했다.

1871년 2월, 그는 작은 지방도시인 샤를빌에서 한 통의 편지를 받았다. 꽤나 소년 같고 서툰 편지는 지금은 우리에게 잘 알려진 아르튀르 랭보의 서명으로 끝을 맺고 있었다. 몇 편의 시가 동봉되어 있었는데, 베를렌이 놀라서 비틀거릴 정도였다. 구절들에서 터져 나오는 단어의 힘은 아무나 꿈꿀 수 없는 것이었고, 그 단어들로 그려진 그림은 환상적으로 빛났다. 전류가 그를 관통했다. 낯설지만 운명적인, 근원에서 나오는 힘이었다. 베를렌은 그 시를 친구들에게 보여 주었다. 그들은 감탄을 공유했고, 세계의 심장을 향한 이 훌륭한 찬가 「취한 배」가 이렇게 처음으로 읽혔다.

베를렌은 이 낯선 이에게 휘몰아치듯 열정적으로 편지를 써 내려갔고, 서둘러 파리로 오라고 그를 초대했다. "친애하는 위대한 영혼이여, 오세요. 기다리고 있습니다. 모두들 당신을 보고 싶어 합니다." 그리고 랭보가 도착했다. 그는 성인 남자가 아니라 굳이 표현하자면 독특한 저력의 육체적 힘이 엿보이는 소년이었다. 보트린◆ 타입의 인간이었으며 타락한 소년의 얼굴과 폭력적인 붉은 주먹을 가진 사람이었다. 침울하고 퉁명스럽고 타인에게 무뚝뚝한 그는,

---

◆ 윌헬미나 보트린(1886 - 1941). 미니라는 애칭으로 불리기도 한다. 미국 선교사로 중국에 건너가 교육활동을 펼치다 난징대학살 당시 여성 1만 명을 학살에서 구했다.

오로지 만취했을 때와 시를 쓸 때만 보랏빛 황홀경에 젖었다. 그는 테이블에 앉은 여자들 곁에서 전투병처럼 음식을 먹으며 말은 한마디도 하지 않았다. 학창 시절에 이미 세 번이나 파리로 가겠다는 열망을 지니고 길을 떠났지만 세 번 모두 따라잡혀 실패했다. 그는 거의 악마적인 의지로 이번 기회를 무조건 꽉 물어야겠다고 생각했다.

그는 하늘에서 뚝 떨어진 것처럼 나타나 베를렌을 기쁘게 했다. 이제야 베를렌은 자신보다 정신적으로 우월하고 남성적인 힘을 가진, 자신을 채찍질하고 강하게 하고 뿌리쳐 줄 친구를 찾았다. 랭보, 이 위대한 무도덕주의자는 그를 가르치는 지경이 되었다. 열일곱 살이었던 랭보는 이미 말년의 니체와 무정부주의자들보다 더 급진적이었고, 문학과 가족과 법률과 기독교를 경멸했다. 그는 베를렌을 그의 물렁한 땅에서 자라난 딱딱하고 냉소적이고 엄격하고 권위적인 언어에서 벗어나게 했다. 살던 땅에서 그의 뿌리를 뽑은 것이다.

처음에 그들은 파리 근교를 돌아다니며 술을 마시고, 이야기를 나누고 또 나눴다. 더 큰 자유를 느끼기 위해, 만취 상태에서 본인의 과잉됨에 더 적합한 상태가 되기 위해 술을 마신 사람은 근원적이고 초월적인 힘을 가진 악마적

인간, 천재 랭보뿐이었다. 베를렌은 두려움과 후회, 우울, 자신의 약함을 견디지 못해 술을 마셨다. 차츰차츰 랭보는 이 연상 남자와의 우정을 통해 불가사의한 마력을 획득했다. 그는 여자처럼 베를렌을 통제하는 '악마적인 배우자'가 되었다.

1872년의 어느 날 두 사람은 동거를 시작했다. 베를렌은 아내와 아이를 버려두고 랭보와 함께 벨기에와 영국의 시골길을 쏘다녔다. 압제는 점점 더 심해졌다. 이 우정에 내밀한 성적 관계가 어느 정도까지 개입되었는지는 어디까지나 추측일 수밖에 없다. 실은 크게 상관없는 일이기도 하다. 그러나 이 물러 터진 남자에게 더욱 명령적이고 독재적이 되어 가는 성난 소년의 폭력은 점차 표면으로 드러났다. 그는 냉혹한 의지로 줄에 묶인 죄수처럼 베를렌을 구속했고, 베를렌 아버지의 유산으로 지탱되는 이 의미 없는 나날을 주점이나 싸구려 술집에서 마시는 에일과 흑맥주로 탕진했다.

이 연약한 자는 드디어 가까스로 몸을 일으켰다. 고약한 악취를 풍기는 런던의 안개 속에서 갑자기 향수병이 베를렌을 덮쳐 왔다. 그것은 서민적이고 따뜻한 집에 대한 향수, 어머니를 통해 교외의 농장에서 다시 살림을 합치자고 제안한 아내에 대한 향수, 아이에 대한 그리움, 평온함과 보장된 생활에 대한 향수였다. 기숙사에서 도망치는 학생처럼 그는 런던의 교도관에게서 도망쳤다. 단 한 푼도 남겨두지 않은 채 랭보를 혼자 그곳에 두고, 아내의 대답을 전해 주기로 한 어머니를 만나러 브뤼셀로 발걸음을 재촉했다.

그러나 어머니가 가져온 것은 나쁜 소식이었다. 그의 아내는 더 이상 거리의 노숙자이자 술집에만 죽치고 있는 중독자와 결혼 생활을 지속하고 싶지 않다고 했다. 이 약하고 버림받은 사람, 선한 쪽으로든 악한 쪽으로든 친구나 아내의 도움 없이는 한 발짝도 떼지 못하는 사람은 다시 완벽히 혼자가 된 자신을 발견했다. 그는 그 친구, 사랑하는 고문자, 그의 의지를 지배하는 이에게 전보를 보내 브뤼셀로 와 달라고 부탁했다.

랭보가 왔을 때 베를렌은 어머니와 함께, 늘 그랬던 것처럼 만취한 채 실망과 흥분이 야기한 신경과민 상태로 그를 기다리고 있었다. 그런 그에게 랭보는 바로 돌아갈 것이라며 그 전에 돈을 달라고 요구했다. 랭보가 움켜쥔 주먹으로 탁자를 내리치며 돈, 돈, 돈을 요구하자 베를렌은 갑자기 취기가 불러온 분노를 느꼈다. 그는 주머니에서 권총을 꺼내 랭보에게 두 발을 쐈다. 랭보는 가벼운 부상을 입고 거리로 도망쳤다. 베를렌은 자신이 한 짓에 스스로 깜짝 놀라 변명을 하기 위해 랭보의 뒤를 쫓았다. 그리고 큰길에서 마침내 그를 따라잡았다. 베를렌의 손짓을 오해한 랭보는 그가 다시 총을 쏘려 한다 여기고 도와달라고 소리쳤다. 베를렌은 그 자리에서 체포되었다. 벨기에의 가차 없는 법 앞에서는 그 어떤 변명도 소용이 없었다. 프랑스의 위대한 시인 폴 베를렌은 '타인의 신체에 상해를 입힌' 죄로 2년 징역을 선고받고 1873년부터 1875년까지 왈로니아 지방의 소도시 몽스에 수감되었다.

그런데 감옥에서 내면의 불안을 모두 낫게 한 것처럼 보이는 심원한 변화가 일어났다. 무엇보다 술과 격리된 것이 유효했다. 지금까지 축축한 증기와 연기로 잔뜩 흐렸던 그의 머릿속이 알코올에서 깨어났다. 먼 옛날 일이 가까이 다가왔고, 그것은 아름다웠던 것 같았다. 어린 시절의 일들이 다시 떠올랐다. 젊은 날의 순결한 꿈은 익숙하지 않은 고요 속에 수정처럼 투명하게 맺히는 시의 꿈이었다.

그를 면회할 수 있는 사람은 신부뿐이었다. 그리고 신부와의 만남은 베를렌을 새로운 세대의 시인들 중 가장 주관적인 시인으로 만든 엄청난 헌신에의 욕구를, 그리고 자기 자신을 누군가에게 맡기고자 하는 강박을 지녔음에도 모든 이에게 버림받아 "그 어떤 혼자인 사람보다 더 홀로인 마음"을 가진 그에게 고해하는 기쁨을 선사했다. 마침내 우리의 돌아온 탕자는 넘치는 자신의 허물과 자신을 이렇게 만든 이에 대한 미움까지도 걷어 낼 수 있었다.

　마침내 그는 자신의 잃어버린, 이미 엉망진창이 되어버린 삶에서 다시 주도권을 잡았다. 타락한 파리지앵이었던 베를렌은 수년이 지난 후에야 처음으로 영성체를 받고 믿음을 회복했다. 몽스 교도소의 하얀 방 안에서 위대한 가톨릭 시인의 저술 중 하나인 『guote suendaere』◆를 접하고 어떤 순간에는 신비주의의 힘에 감동받았다. 그 안에서 다시금 새로운 집중력이 생겨났고, 처음으로 신앙적 환희가 그의 신경증적 연약함을 극복케 했다. 호색 성향이 신에 대한 열정과 열렬함으로 극복되었다. 이곳에서 쓰인 책 『예지』에 실린 시와 역시 감옥에서 마무리 지은 바로 전 시집 『말 없는 연가』는 그의 시작 인생의 가장 위대한 순간이었다. 그리고 그가 이후의 시에서 이 감옥을 그리워하며 "마법의 성"이라든가 "자신의 영혼이 형성된 곳"이라 일컬은 것 그리고 늘 이 순수와 믿음의 시기를 그리워하며 한탄한 것 또한 이해할 수 있게 된다.

　이 두 해 동안 운명은 그에게 영원히 지속되는 것을 선

◆ 기독교 사상가 그레고리우스의 저술로, 번역하면 '선한 죄악'이라는 뜻.

사했다. 하지만 벨기에 법정은 그에게 선고된 형량을 단 하루도 줄여 주지 않았다. 1875년 1월 16일 그는 석방되었다. 그의 친구들은 한 명도 그를 기다리지 않았고, 오직 어머니, 항상 한결같은 그의 늙은 어머니만이 교도소 문 앞에서 그를 맞이했다. 교도소 생활로 인해 강제적으로 멈춰 있던 상태에서 풀려나기가 무섭게 베를렌은 다시 동요했다. 그가 수감돼 있는 동안 아내는 이혼을 요구했고, 파리의 친구들은 그를 잊었다. 혼자 살기에 그는 자신이 너무 약하다고 느꼈다.

그가 처음으로 한 일은 자기도 모르게 그 인생의 악마인 장 아르튀르 랭보에게 향한 것이었다. 그동안 많은 일이 있었음에도 둘은 서신을 주고받고 있었다. 그는 랭보에게 편지를 썼다. 그 편지에는 아마도 소극적인 개종 권유가 있었을 것이다. 그에게 보낸 답장에서 랭보는 경멸하는 어조로 "로욜라"는 슈투트가르트로 자신을 방문해도 좋다고 썼다. 베를렌은 그곳으로 찾아가 랭보를 교화하려고 노력했다. 그러나 안타깝게도 그들이 만난 장소는 개종자와 선지자가 만나기에는 다소 부적합한 어느 술집이었다. 한 명은 이제 막 세례를 받은 신자고 다른 한 명은 무신론자였는데, 그 둘은 하나의 공통점을 가지고 있었다. 술 취한 상태에 대한 열정이 바로 그것이었다. 그렇게 그들은 밤늦은 시각까지 이야기를 나누고 마셔 댔다.

이 교화 시도를 목격한 사람은 아무도 없다. 우리는 단지 그 이야기의 비극적인 결말을 알고 있을 뿐이다. 숙소로 돌아가는 길에 두 취객은 싸움을 시작했다. 자정 무렵 네카어◆ 강가의 흐르는 달빛 아래에서 프랑스의 가장 위대한 시인 둘이 (문학사에 길이 남을 순간이었다) 짚고 있던 지팡이로 서로를 후려갈기기 시작했다. 싸움이 끝나기까지는 그리 오랜 시간이 걸리지 않았다. 운동선수처럼 힘이 센 청년 랭보가 술에 취해 기우뚱거리는 신경증적인 베를렌을 제압하고는 머리를 가격했다. 그는 다음 날 아침까지 피를 흘리며 정신을 잃은 채로 강가에 널브러져 있었다.

그것이 그들의 마지막 만남이었다. 그 뒤 전 세계의 낯선 땅을 통과하는, 운명에 반항하는 살인 광란과도 같은 랭보의 거대한 대항해시대(이에 대해서는 다른 출판물 장 아르튀르 랭보에 더 자세히 서술했다―저자 주)가 시작되었다. 그리고 이 방랑은 20년 후 갈기갈기 찢겨 만신창이가 된 그를 파도가 프랑스에 다시 던져 놓을 때까지 계속되었다. 그동안 베를렌은 다시 파리로 돌아왔다가 프랑스어 선생이 되어 런던으로 가게 된다. 그는 시골 생활도 해 보며, 예전에

◆ 독일 남서부를 흐르는 강.

살던 평범한 세계로 돌아가기 위해 필사적으로 노력했다. 그러나 그 세계는 이미 소모된 것을 더 이상 원치 않았다.

그의 걸작 『예지』는 1881년 가톨릭 서적 전문 출판사, 아니 실은 예배용 성물을 취급하는 소매상이었던 팔메에서 출판되었지만 문학계도 종교계도 그의 시집에 아무런 신경을 쓰지 않았다. 그리고 서서히 알코올이 베를렌의 문학에 깃든 경건함을 다시 흐리기 시작했다. 백발의 어머니는 아직도 그를 포기하지 않았다. 1885년에 그녀는 농장을 하나 사서 아들과 은거 생활을 시작하려 했다. 그러나 이 자제력 없는 아들은 시골구석의 카바레에서 흠뻑 취하도록 마시고는 만취 상태에서 마지막이자 지금까지 저지른 잘못 중 가장 심한 만행을 저지른다. 그는 75세 어머니에게 폭력을 행사하고는 "폭력의 행사와 협박에 의한 위협"이라는 죄명으로 부지에의 법정에서 1개월 형을 선고받았다.

이번에 출소할 때는 그의 어머니도 그를 기다리고 있지 않았다. 어머니마저 그에게 지친 것이다. 어머니마저도! 1년 후에 그녀는 사망한다.

이제 폴 베를렌의 삶은 급속히 쇠퇴한다. 어머니를 잃음과 동시에 마지막 브레이크도 잃었다. 그는 집도 없고 의지할 데도 없었으며 남아 있던 재산도 완전히 소진했다.

"남은 것은 문학뿐이었다."

곧 그는 라틴지구의 유명인사가 되었다. 벗겨진 머리 위로 모자를 눌러쓰고 몸에 기생충이 들끓는 음탕한 얼굴의 나이 든 남자. 그는 한쪽 다리를 절었는데, 여기저기 부딪치는 것도 개의치 않고 지팡이를 휘두르며 이 카페에서 저 카페로 한 무리의 창녀, 작가 지망생, 대학생을 몰고 다녔다. 아무하고나 테이블에 앉아 아무에게나 단돈 20프랑에 다음 책의 헌사를 팔았다. 압생트 한 잔이면 누구나 그의 친구가 될 수 있었다. 그는 카페 테이블에 앉아 더 이상 신부님이 아니라 기자들에게 혹은 궁금해하는 사람이라면 누구에게나 기꺼이 자신의 인생을 고백했다. 아직 만취하지 않았을 때는 후회하는 마음으로 조는 가운데 하염없이 눈물을 흘렸다. 그러다가 만취하면 소란을 피우며 울부짖고 지팡이로 테이블을 덜컹덜컹 두드렸다. 그러는 사이사이 시도 썼다. (얼마나 형편없는 시였는지!) 사람들이 원하는 대로 써 갈긴 시는 음란하면서 종교적이었고, 그 안에는 동성애적인 감성과 예민한 서정성이 담겨 있었다. 그는 그 시를 들고 재빠르게 바니에 암 카이 출판사로 뛰어갔는데, 출판사에서는 시 한 편당 100수짜리 은화 한두 개를 선불로 주었다.

방이 너무 추울 때나 주변에서 알짱거리는 문학가와 창녀들의 입에 발린 소리가 역겨워질 때면 그는 제2의 고향과도 같은 병원으로 피신했다. 그는 병원의 의사와 학생들을 잘 알고 지냈는데, 그들은 일종의 우의로 류머티즘 치료를 필요한 기간보다 오래 받도록 해 주었다. 흰 두건을 쓰고 입원복을 입은 채 그는 위엄 있게 방문자들을 맞이하거나 시 혹은 신문에 실릴 별 내용 없는 잡글을 쓰곤 했다. 어느 날 이 평온이 너무 지겹고 술을 마시고 싶다는 욕구로 혀가 타들어 가는 것 같으면 그는 다시 거리로 뛰쳐나와 테이블에서 테이블로 힘겨운 발걸음을 옮겼다.

어느 재의 수요일 직전에 카니발의 희극이 있었다. 르콩트 드 릴◆이 죽었을 때, 젊은 사람들이 일종의 문학적 시위를 계획해 문학의 왕을 새로 뽑기로 했다. 베를렌을 라틴 지구의 '시의 왕자'로 뽑는 것에 대다수가 동의했다. 반은 왕관, 반은 어릿광대 모자인 것을 쓰고 그는 자랑스럽게 자신에게 주어진 새 지위를 받아들였다. 잠시 동안은 자신이 아카데미를 대표한다고 생각했지만, 친구들이 제때에 그 불행한 망상을 꺾어 주었다. 그렇게 그는 자신을 신격화하고 동시에 조소하는 젊은이들 사이에 머물렀다. 그러나 점차 카페에 머무는 시간은 짧아지고 병원에 있는 시간이 길

◆ 르콩트 드 릴(1818 – 1894). 프랑스의 고답파 시인. 낭만파의 감상을 배격하고 냉정하고 객관적인 태도로 장중한 미의 세계를 읊는 시를 썼다고 하니 베를렌과는 정반대 지점에 위치했을 것이다.

어졌다.

1896년의 어느 날 그의 병들고 소모된 육체는 데카르트가에 위치한 어느 의심스러운 여자의 침대에 누워 있었다. 필로메나 크란츠라는 악명 높은 이 여자는 지난 몇 년간 그에게서 마지막 한 푼까지 뜯어내려고 동료들에게 사기를 치도록 그를 조종했다. 그는 뜨내기 부랑자처럼 어느 낯선 거리, 창녀의 침대에서 숨을 거두었다.

그러자 문학계의 옛 친구들이 다시 나타났다. 거리에서 만취한 그와 마주치기라도 할까 봐 겁을 내며 길을 멀리 돌아가던 이들이었다. 높은 지위를 가진 사람들, 자리를 잘 잡은 시인들, 아카데미 회원들, 프랑수아 코페와 모리스 바레스가 나타났다. 멋들어진 연설이 진행되었고 열렬한 마지막 인사의 말이 오갔다. 꽃과 화환과 난무하는 말들 아래에서 이 연약하고 괴로웠던 육체, 사람의 아들이자 위대한 시인이었던 자의 육체는 바티뇰의 납골실 안으로 사라졌다. 희극은 끝났다……

폴 베를렌 (1844-1896)

폴 마리 베를렌은 1844년 훌륭한 프랑스인 대위의 아들로 로트링겐 지방에서 태어났다. 그의 아버지는 레지옹 도뇌르 훈장을 받기도 한 군인이었고, 그의 어머니는 부유한 농부의 딸이었다. 유복한 환경, 안정된 직업, 아름다운 아내, '시'라는 꿈 그 어느 것 하나 부족함 없어 보이던 그의 삶을 갉아먹은 요인이 하나 있었으니 그것은 바로 '술'이었다.

베를렌이 아르튀르 랭보를 만나지 않았다면 그의 삶은 조금 더 나아졌을까? 함께 술을 마시고, 시를 쓰고, 동거하기도 했던 랭보와 베를렌은 세계 문학사에 잊지 못할 한 장면을 새겨 넣는다. 1873년 벨기에의 브뤼셀에서 두 발의 총성이 울린다. 파리로 떠나겠으니 돈을 달라고 요구하던 랭보에게 베를렌이 권총을 발사했던 것이다. 랭보는 베를렌을 경찰에 신고하고, 그 자리에서 체포된 베를렌은 징역 2년을 선고받고 감옥에 갇힌다.

베를렌은 출옥 후에도 마음을 잡지 못했고, 결국 1896년의 어느 날 한때 위대한 시인이라 불리던 그는 어느 낯선 거리, 창녀의 침대에서 숨을 거두고 만다.

잠들지 않는 예술가,
로맹 롤랑

ROMAIN
ROLLAND

✝

친구들은 나에게 순전히 감탄에서 우러나온 마음으로 묻곤 했다. 어떻게 한 사람이 동시에 시인, 역사학자, 사회학자, 음악학자로서 모든 분야에서 탁월한 성취를 이룰 수 있느냐고. 20세기 들어 세계가 점차 세분화되면서 보편이 지배하던 시대의 백과사전형 인간은 확실히 드물어졌다. 어떻게 한 사람이 단 하루에 모든 언어로 희곡, 소설, 에세이, 연설문, 편지, 음악 이론서까지 쉼 없이 바꿔 가며 공부할 수 있었을까? 친구들은 늘 놀라워하며 이렇게 묻곤 했다. 마침 나 또한 감탄스러워하고 있던 차에 그 모든 질문에 대한 답을(아니면 적어도 답으로 가는 길의 도입부를) 한번 구상해 보기로 했다.

다른 예술가적 본성처럼 롤랑이 지닌 정신의 특별함도

체질상의 비밀과 신체적인 특수성에서 비롯된 것이었다. 롤랑 집안사람들은 모두 심한 불면증을 앓았다. 그리고 이 어리고 섬세하고 다정한 어린아이에게 휴식에 대한 열망과 끝없는 각성의 고통은 거의 위험 수준으로 치솟았다. 대학 시절부터 40년이 넘는 세월 동안 롤랑은 매일 밤 4시간 이상 수면을 취하지 못했다. 일거리가 많은 날에는 20시간씩 독서와 집필과 연구를 하면서도 절대 지치지 않고 환히 깨어 있었다. 이렇게 일을 할수록 점점 맑아지는 눈을 가진 그였지만 몸이 약해 이미 오래전부터 힘든 일이나 아주 잠깐의 산책조차 기피하던 터였다.

그러나 기운이 허약하고 몽롱한 데다 시야가 침침하고 희미함에도 별빛처럼 밝게 빛나는 파란 두 눈동자만은 그 빛을 잃은 적이 없었다. 항상 날카로운 빛을 발하던 볼테르의 눈과 같은 진짜 프랑스인의 눈. 그 두 눈은 풍경과 열정 그리고 정신의 빛에서 연료를 공급받으며 지치지 않고 깨어 모든 사물을 꿰뚫어 보았다. 늘 일정한 밝기와 투시력을 가진 맑은 눈에 물질적이고 도덕적인 세계에 대한 인식이 한 번 포착되면 그것은 내면에 그대로 머물러 있었다. 내면에는 박명이라든지 먼지 쌓이고 그늘진 것, 무질서와 혼란은 존재하지 않았다. 그 대신 거기에 있는 영원한 각오와 마법 같은 질서, 과거의 깨어 있음이 현재를 보는 탁월한 눈이 되었다.

롤랑은 결코 어떤 사실이나 이름, 숫자, 대화의 내용을 잊는 법이 없었다. 낮처럼 밝은 공간에는, 아니 그보다 항상 낮처럼 밝혀 놓은 이 기억 저장소의 틈에는 그가 수십 년 동안 겪은 일과 그가 읽은 수백 년간의 역사가 저장되어 있었고, 지성적인 자료가 늘 준비되어 있었다. 대화가 시작되어 이곳을 두드리면 신비의 문이 튀어 올라와 어느 분야에 관한 질문이 들어오든 그에 맞는 대화를 준비한다. 기억은 마법사의 분부를 받들듯 번개처럼 빠르게 지성의 보물 창고 문 앞에 줄지어 선다.

휴식이라곤 모르는 하루 20시간 노동자 자신은, 며칠 동안이나 집 밖에 나서는 일이 없으니 겉으로 보기엔 항상 쉬고 있는 것 같은 육체를 이끌고 한 영역에서 다른 영역으로 끊임없이 왔다 갔다 한다. 그리고 매일 저녁마다 일기장에 마지막 대담을 적는 것으로 일과를 마무리한다. 그렇게 정신은 낮 동안에 무심코 지나쳤던 모든 것의 지평을 의식적으로 다시 한 번 돌아본다.

한 사람이 이렇게 늘 깨어 있을 수 있다는 것은 사실 은총과 다름없다. 그러나 한편으로 이것은 고통이기도 한

데, 이 잊어버릴 수 없음, 하나의 기억에서 바로 다른 기억으로 이동하는 기억력은 한 사람의 인생을 지나치게 밝은 빛으로 완전히 연소시켜 버리기 때문이다. 그리고 사실 롤랑 본인은 자신을 지성의 유리벽에 갇힌 수감자, 너무 강한 인식의 빛에 과도하게 노출된 존재로 인식하고 있었다. 따라서 쉴 틈 없이 밝고, 늘 깨어 있으며, 진정한 의미의 안식이라곤 취해 본 적 없는 두 눈은 편안한 휴식이라는 하나의 꿈을 지니고 있었다.

그 꿈이 바로 음악이었다. 오직 음악만이 이 사람의 지나치게 고양된 정신을 보듬을 수 있었다. 내면의 예술가는 섬세한 음악적 감각이 그의 놀라운 지성과 균형을 이룰 때만 전면에 나설 수 있었다. 로맹 롤랑은 이것이 가장 완전하게 실현될 때 최고의 예술가가 되었다. 이와 관련해 그의 저서인 『장 크리스토프』를 읽어 보면 좋을 것이다. 나에게 몇몇 페이지는 프랑스어의 음악성이 극대화된 것으로 보인다. 어찌 보면 그것은 언어가 아니라 신비한 분위기이거나 단어에서 흘러넘치는 멜로디 자체인 것 같다. 반면 음악이 너무 늦게 도착했거나 깜빡 잊힌 페이지는 첫 문장부터 소리굽쇠로 건드렸을 때 제대로 퍼져 나가지 못하는 소리처럼 딱딱하고 완고하고 지루하고 차가운 소음을 낸다. 로맹 롤랑에게는 늘 음악적이거나 윤리적인 자극이 필요했다. 그런 이유로 그는 한 번도 완전히 예술가인 적이 없었다. 그 자신에게 스스로를 변화시키거나 더 나아지게 할 만한 능력이 없었기 때문이다. 시간을 들여 노력하지도 않았다. 안 그래도 이성을 주시하며 질문을 던지는 눈이 늘 쉬지 않고 깨어 있는데, 거기에 관찰까지 하게 된다면 너무 많은 것이 흘러나올 것이기 때문이었다.

매일같이 20시간씩이나 일을 했음에도 밤이 되면 그는 충분히 읽고 말하지 못했다고 느꼈다. 말은 너무 타성에 젖어 있고, 만년필은 너무 느렸으며, 글로 뜻을 전달하는 것도 생각 같지 않게 너무 답답했다. 오늘날 60세가 된 지금도 그는 자신이 이제 겨우 시작점에 서 있는 것은 아닌지, 자신에게 완전한 충만함이란 현재의 세계와 역사의 세계를 의미하는데 자신이 단지 충만함의 한 편린만을 말하고 있는 것은 아닌지 불안에 젖어 있다.

따라서 롤랑의 예술가 기질이 더 발전된 형태로 그의 전체를 측량하는 것은 불가능하다. 그는 음악과 함께하는 시간에 순수한 시인이 된다. 하지만 그의 주변은 아직까지 수백 겹의 인식과 천 겹의 지식으로 둘러싸여 있다. 그는 귀 기울여 듣고 이해하고 도움을 주기도 하며 늘 깨어 있는 의식으로 인류가 맞닥뜨린 중요한 문제를 해결하는 데 참여하고 있다.

우리가 알고 있는 이삼십 권은 족히 되는 그의 저술도 그 자신에게는 미완성으로 여겨질 뿐이다. 세상 어느 누구도 (나는 지금 의식적으로 과장 없이 말하려 하고 있다) 이 사려 깊고 깨어 있는 사람보다 더 폭넓은 지식을 가지고 있거나 활발하게 정신적 활동을 하고 있지 않다. 내면의 움직임이란 결국 외부의 활동성으로 영역을 확장해 가는 바, 동시대 사람들 중 그만큼 다양하고 먼 곳까지(먼 나라 일본과 불교의 세계에 이르기까지) 지적인 관심을 펼친 이는 없을 것이다.

롤랑은 어느 강의나 저서, 작품에서도 결코 모든 것을 단정적이고 종합적으로 결론 내리지 않는다. 이는 늘 변화하고 끊임없이 쏟아 내는, 자신을 의식할 때도 종합해서 요약하기보다는 오히려 할 수 있는 일을 나누어 구획 짓는 그의 생물학적인 천성과 모순되는 것이다. 그의 본질은 그의 존재 자체에 있지 않고, 그가 일으키는 작용에 있다. 그의 위대함은 내면에 있지 않고 세계성에 있으며, 머물러 있음에 있지 않고 솟구쳐 흐름에 있다. 따라서 그를 하나의 단어로 표현할 수는 없다. 오직 느낌으로만 그의 유일함을 납

득시킬 수 있을 것이다.

로맹 롤랑 (1866-1944)

로맹 롤랑은 1866년 프랑스 부르고뉴 클람시에서 출생했다. 시인이자 역사학자, 사회학자, 음악학자였던 롤랑은 다방면에서 탁월한 성취를 이루었다. 그가 단 하루에 모든 언어로 희곡, 소설, 에세이, 연설문, 편지, 음악 이론서를 공부할 수 있었던 이유는 롤랑 집안사람들이 겪은 불면증에서 찾을 수 있다. 대학 시절부터 40년이 넘는 세월 동안 롤랑은 매일 밤 4시간 이상 수면을 취하지 못했다. 젊은 날 그는 톨스토이에게 편지를 써 가르침을 청했다. 참다운 예술가란 '인류에 대한 사랑'을 지녀야 한다는 톨스토이의 가르침에 큰 영향을 받았으며 제1차, 제2차 세계대전이 일어났을 당시 평화운동에 매진했다. 1915년에 대하소설의 선구가 된 『장 크리스토프』로 노벨 문학상을 수상했다.

ЛЕВ

НИКОЛАЕВИЧ

ТОЛСТОЙ

삶의 구도자,
레프 톨스토이

✝

1883년 6월 27일, 당시 톨스토이를 제외하고 러시아에서 가장 명망 있는 생존 작가 중 한 명이었던 투르게네프가 야스나야 폴랴나◆에 사는 친구 톨스토이에게 감동적인 편지를 보냈다. 몇 년 전부터 그는 국가에서 가장 위대한 예술가로 추앙받는 톨스토이가 문학에 등을 돌리고 '신비주의적인 윤리학'에 빠져들어 그 안에서 길을 잃은 것 같다는 염려를 하고 있었다. 누구보다 자연과 인간을 탁월하게 서술하는 그인데, 책상 위에는 성경과 신학에 관련된 소책자 외에는 아무것도 놓여 있지 않았다. 톨스토이가 고골처럼 중요한 창작의 시기를 세상의 기준으로는 무의미하다 평가받는 종교적인 사색에 빠져 낭비해 버리지나 않을까 하는 염려가 투르게네프를 덮쳐 왔다. 그래서 중병을 앓고

◆ 러시아 툴라 주에 있는 마을. 톨스토이의 출생지이고, 결혼 후 귀향해 이곳에서 48년간 살았다.

있던 그는 만년필을, 아니 그의 생기 없는 손은 만년필을 들 힘조차 없었을 테니 아마도 연필을 집어 들고 고국의 가장 위대한 천재에게 간절한 청원의 편지를 썼다. 그것은 죽어 가는 자의 마지막 부탁이자 가장 솔직한 부탁이었다. 그는 다음과 같이 썼다. "부디 문학으로 돌아오십시오! 이것이 당신의 타고난 재능입니다. 우리 러시아의 위대한 시인이여, 제발 저의 부탁에 귀를 기울이십시오!"

죽어 가는 이의 이 눈물겨운 외침(이 편지는 중간에 끊겼다. 투르게네프는 더 이상 기운이 없다고 썼다)에 톨스토이는 곧장 답장을 보내지 않았다. 그리고 답장을 하려 했을 때는 이미 너무 늦어 버렸다. 투르게네프는 자신의 소망이 제대로 전달됐는지 알지 못한 채 세상을 떠났다. 아마 톨스토이는 친구에게 답을 하기가 어려웠을 것이다. 허영이나 사변적인 호기심에서 신을 찾는 길로 들어선 것이 아니라 자신의 의지 없이, 아니 자신의 의지에 반해 그냥 그것에 이끌렸던 까닭이다.

누구보다 감각적인 것을 많이 보고 체험했던, 지상의 인간이자 세속적 인간이었던 그는 이전에는 한 번도 형이상학에 관심을 보인 적이 없었다. 그는 결코 근본적으로 사고하기를 좋아한 사상가가 아니었으며 서사예술에서 그가 천착하던 것은 사물의 의미보다는 감각적인 것이었다. 따라서 그가 이렇게 사색적인 것을 향해 돌아선 이유는 그의 자유의지라기보다는 갑작스럽게 어떤 충격을 받았기 때문이었다. 어딘가 어둠에서 비롯된 충격은 한순간에 이 단단하고 강하고 건강한, 지금껏 강직하고 자신감 있게 삶을 가로질러 온 남자를 온통 흔들어 놓고 한 번 멈춘 후 두려움에 꽉 쥔 손으로 의지할 곳을 찾게 만들었다.

톨스토이가 50대가 되어서 경험한 이 내면의 충격은 무어라 명명할 수 없고, 가시적인 원인도 없는 것이었다. 행복한 삶의 조건이라 부를 수 있는 모든 것이 바로 그 전까지도 훌륭하게 충족되어 있었다. 톨스토이는 건강했고, 오히려 비범하다고 할 수 있을 정도로 신체적 힘이 좋았다. 그의 정신은 늘 맑았고, 예술적인 면에서도 소모되지 않은 상태였다. 거대한 영지의 주인으로서 물질적인 어려움도 없었다. 신분이 높은 귀족 가문의 후예로서, 그보다는 러시아어 문학의 최고 소설가로서 세계적으로 이름이 알려져 존경을 받았다. 그의 가정생활 역시(그에게는 아내와 아이들이 있었다) 완벽하게 조화로웠고 삶이 불만족스러울 만한 그 어떤 이유도 없었다.

그런데 갑자기 어둠에서 이 충격이 도래했다. 톨스토

이는 자신에게 뭔가 끔찍한 일이 일어나고 있음을 감지했다. "삶이 갑자기 멈추어 서더니 섬뜩한 것이 되었다." 그는 즉시 자신을 점검하고 자신에게 도대체 무슨 일이 일어난 것인지, 왜 갑자기 우울과 두려움이 자신을 덮쳐 온 것인지, 왜 더 이상 아무것도 즐겁거나 감동적이지 않은지 자문했다. 그는 오직 일이 구역질 나게 느껴진다는 것, 아내가 자신에게서 멀어지고 아이들은 무관심해진다는 것만을 느꼈다. 삶의 역겨움, 생의 권태가 그를 엄습했고, 그는 절망에 빠져 스스로에게 사용하지 않도록 사냥총을 장롱에 넣고 자물쇠를 채웠다. "당시 그는 처음으로 선명하게 깨달았다." 그는 자신의 분신인 『안나 카레니나』 속 등장인물 레빈을 통해 당시의 상태를 이렇게 묘사했다. "모든 사람에게 그리고 그의 미래에 기대할 것이라고는 고통, 죽음, 영원한 허무밖에 없다는 것을. 그는 그렇게는 살 수 없다고 결심했다. 삶의 의미를 찾거나 그렇지 않으면 스스로를 쏴 버려야만 했다."

톨스토이를 생각하는 사람으로, 사상가로, 삶의 스승으로 만든 이러한 내면의 흔들림을 특정한 이름으로 명명하는 것은 무의미한 일일 것이다. 어쩌면 그것은 단순한 갱년기 증상으로써 나이 드는 것에 대한 두려움, 죽음을 마주하는 것에 대한 두려움, 일시적인 마비 상태로, 곧 전환될 신경쇠약의 우울증 같은 것이었을지도 모른다. 그렇지만 스스로의 위기를 관찰하고 극복할 방법을 찾는 것은 원래 정신적인 인간, 무엇보다 예술가의 본성에 속하는 일이다.

제일 먼저 이유 없는 불안이 톨스토이를 사로잡기 시작했다. 그는 자신에게 무슨 일이 일어난 건지, 지금까지 그렇게 의미 있고 풍부하고 풍요롭고 다채로웠던 삶이 어째서 한순간에 그토록 공허하고 무의미한 것이 되었는지 알고 싶었다. 그리고 자신의 훌륭한 중편소설인 「이반 일리치의 죽음」에서와 같이 자신의 몸 안에서 처음으로 죽음의 날카로운 발톱을 느꼈을 때 그는 소스라치게 놀라 물었다. "어쩌면 나는 내가 살았어야 하는 방식으로 살아오지 않은 것일지도 몰라." 톨스토이는 그때부터 매일매일 자신의 삶 자체와 삶의 의미에 대해 질문했다. 생각하기 좋아하고 영적인 호기심으로 가득 찬 사람으로 태어나서가 아니라, 자기 보존 본능과 절망이 그를 진실의 추구자이자 철학자로 거듭나게 한 것이다. 파스칼처럼 그의 사상은 심연에 대한 혹은 심연에서 비롯된 철학이었고, 깊은 균열과 죽음, 허무에 대한 두려움에서 시작된 삶의 탐구였다. 톨스토이가 이런 날들을 살아가던 어느 날 남긴 특별한 쪽지, 한 장의 메모가 있다. 이 종이에 그는 스스로 답해야 할 여섯 가지 '알 수 없는 의문점'을 휘갈겨 써 놓았다.

왜 사는가?

어떤 이유로 나와 다른 사람들이 존재하는가?

나와 다른 사람들이 현존하는 목적은 무엇인가?

나의 내면에서 일어나는 선과 악의 분열은 무엇을 의미하며 그것은 어째서 존재하는가?

나는 어떻게 살아야 하는가?

죽음이란 무엇인가 — 나는 나 자신을 어떻게 구원해야 하는가?

자신을 비롯한 모든 사람이 어떻게 사는 게 '제대로' 사는 것인가라는 이 질문에 답을 찾는 것이 이후 30년 동안 (글을 쓰는 것보다 더 근본적인) 톨스토이 삶의 의미이자 과제가 되었다.

'삶의 의미'를 찾아가는 첫 번째 단계는 전적으로 논리적 사고에 빠져드는 것이었다. 몇몇 허무주의적 사상의 영향을 받았음에도 기본적으로 역사철학적 견지에서 『전쟁과 평화』를 집필한 톨스토이는 결코 회의주의자가 아니었다. 오히려 그는 외면적으로나 내면적으로 아무 걱정 없이 자유롭고 향락적이면서도 근면하게 세월을 보냈다. 그런데 이런 사람이 갑자기 철학자가 되어 사람은 왜, 무엇을 위해 살아야 하는지를 물으려고 다른 권위에 기대기 시작했다. 그는 '삶의 의미'에 대한 설명을 찾기 위해 쇼펜하우어, 플라톤, 칸트, 파스칼 등 온갖 철학책을 섭렵했다. 그러나 철학자와 학자도 그에게 답을 주지는 못했다. 톨스토이는 책 속 현자들의 의견이 오직 "직접적인 삶의 문제와 관련 없는 것에 대해서만 정확하고 선명하다는 것", 책이란 사람들이 충고와 조언을 원할 때 제시해 줄 수 있는 모든 답을 가지고 있는 것 같으면서도 정작 그에게 중요한 유일한 것, "내 삶의 시간적, 인과적, 공간적 의미는 무엇인가?"라는 질문에는 아무런 설명도 해 줄 수 없다는 것에 불쾌감을 느꼈다. 그래서 그는 두 번째 단계로 마음의 위안을 찾기 위해 철학자들에게 등을 돌리고 종교로 눈을 향했다. '지식'이 그를 거부하자 '신앙'을 찾아 기도했다. "주여, 저에게 믿음을 갖게 허락하시어 제가 다른 이들이 그것을 찾을 수 있게 돕도록 하여 주소서."

이러한 내적 혼란을 겪던 시기에도 톨스토이는 아직까지 개인적 의미를 초월한 교훈을 남기려고 애를 쓰지는 않았다. 정신 분야에서 새로운 것을 창안하려 한 것도, 혁명적인 일을 하려 한 것도 아니었다. 그는 단지 레프 톨스토이라는 불안한 개인으로서 하나의 길, 즉 목표를 찾아 영혼의 평화를 되찾고 싶었던 것이다. 그의 표현대로 내면의 허무주의에서 자신을 '구원'하고 싶었던 것이고, 현존의 무의미함에서 의미를 찾고 싶었던 것이다. 당시에 그는 새로운 신앙을 공표하거나 조상에게 물려받은 러시아정교에서 멀어지려 한 것이 아니었다. 반대로 기도하고, 교회에 가고, 저녁 식사에 참여하기를 멈춘 열여섯 살 이후 처음으로 다시 교회와 가까워졌다. 그는 신앙적인 생활 방식을 엄격하게 지키려고 노력했다. 종교의 모든 규율과 규범을 따랐다. 금식을 했고, 수도원으로 순례 여행을 떠났으며, 성상 앞에 무릎을 꿇었고, 주교와 신부, 다른 신도들과 토론을 벌였다. 그리고 무엇보다 복음서를 공부했다.

불안한 진실의 추구자에게 항상 일어나는 일이 그에게도 일어났다. 그는 복음서의 법규와 규율이 더 이상 지켜지지 않고 있다는 사실을 알았고, 러시아정교회가 예수의 가르침이라고 설법하는 내용이 원래 예수의 가르침이 아니라는 것을 깨달았다. 그는 거기서 자신의 첫 번째 과제를 발견했다. 복음을 진정한 의미대로 해석해 그리스도교를 다른 사람들에게 "신비주의적 가르침이 아니라 새로운 인생관으로" 전파하는 것이었다. 탐색하는 자에서 신봉자가 되었고, 신봉자가 곧 지도자가 되었으며, 지도자가 광신자가 되는 것은 금방일 것이었다. 개인적인 절망감에서 시작해 영향력 있는 학설이 형태를 갖추었고, 정신적인 부분과 도덕적인 부분 모두에서 개혁이 있었으며, 그 위에 새로운 사회학이 모습을 드러냈다. 원래 겁에 질린 한 개인의 질문이었던 "내 삶의 이유는 무엇이고 나는 어떻게 살아야 하는가?"가 점차 전 인류를 향해 "당신들은 이렇게 살아야 한다!"라고 외치는 도덕적인 명제로 변해 갔다.

1,000년에 달하는 경험으로 교회는 임의적인 복음 해석이 어떤 위험한 결과를 초래하는지에 대해 발달된 예감을 지니고 있었다. 교회는 성경을 한 글자 한 글자 따라가며 살기 시작한 사람은 누구든 결국 공식적인 교회의 기준이나 국가 규율과 갈등을 빚을 수밖에 없다는 점을 잘 알고 있었다. 곧바로 톨스토이의 신앙적 원칙에 관한 첫 책 『참회록』이 검열에 걸렸고, 두 번째 책 『나의 신앙』이 러시아 정교회의 종교회의에 의해 금서가 되었다. 이 위대한 소설가에 대한 존경심 때문에 교회 내부의 조직들이 처분 내리기를 매우 망설였지만, 결국 톨스토이를 교회에서 파문시

킬 것을 선언하고 그를 제명시켰다.

톨스토이는 존재 깊숙한 곳까지 상처받은 채 서서히 교회, 국가, 현세의 질서들을 지탱하는 기반에 균열을 내기 시작했다. 발도파, 알비파, 재세례파, 혁명 때의 농부 설교자 등 그리스도교를 초기 기독교의 형태로 다시 돌려놓고자 하고, 성경의 말씀만 따르며 살아가려 하는 이 사람들처럼 톨스토이 또한 이제 국가의 주적으로서 누구보다 열정적인 근대의 무정부주의자, 반집단주의자가 되는 되돌릴 수 없는 길에 올라선 것이었다.

그가 가진 힘과 영향력, 근성과 만만치 않은 용기에 걸맞게 그는 한편으론 루터와 칼뱅처럼 열성적인 개혁가로서의 길을 갔고, 다른 한편으로는 사회학적인 의미에서 누구보다 대담한 아나키스트가 되어 슈티르너 학파와 뜻을 같이했다. 얼마 지나지 않아 근대 문화와 동시대의 사회는 19세기 역사에서 예술적으로 그 시대의 가장 훌륭한 창조자였던 이 위대한 작가보다 더 격렬하고 더 위험하고 더 사회 비판적인 파괴자는 찾을 수 없게 되었다.

그러나 교회와 국가는 이렇게 결연한 각오를 다진 외톨이의 위험성을 잘 알고 있었다. 또한 교회와 국가는 순수한 사상적 연구가 점점 실제 삶을 간섭한다는 것과 세상을 더 나은 곳으로 변화시키고자 하는 사람 중 가장 진정성 있고 재능 있는 이가 대부분 세상을 어지럽힌다는 사실도 알고 있었다. 초기 기독교가 지상의 왕국이 아닌 신의 왕국을 추구했기 때문에 신자들은 카이사르 위에 예수를, 국가 위에 신의 왕국을 놓아야 했고, 따라서 신의 백성으로서의 의무에 충실하다 보면 국가의 법이나 조직과는 반드시 충돌할 수밖에 없어 국가의 관점에서 보면 그 규율이 전복적이거나 국가를 부정하게 됨을 그들은 잘 알고 있었다.

톨스토이는 자신의 탐구 정신이 어떤 문제를 가져올지 나중에서야 깨달았다. 처음에 그는 개인적인 삶의 태도를 복음의 규율에 맞춤으로써 사적인 생활에 질서를 부여하고 자신의 영혼을 위한 안식을 찾는 것 외에 바라는 바가 없었다. 그러나 자신도 의식하지 못하는 사이 처음에 던졌던 질문들은 그 범위를 넓혀 갔다. "내 삶에서 잘못된 것은 무엇인가?"가 "우리 모두의 삶에서 잘못된 것은 무엇인가?"라는 일반론적인 질문으로 확장하며 시대에 대한 비판, 현재에 대한 비판이 되었다. 그는 자기 자신을 응시하다가 사회적 관계의 불평등, 빈곤한 자와 부유한 자, 호화로움과 비참함 사이의 간극(당시의 러시아에서는 특히 어렵지 않게 발견할 수 있었던)을 발견했다. 자신의 사적이고 개인적인 잘못 외에도 자신과 같은 신분을 가진 사람들 사이에 만연한 부정 또한 알게 된 그는 온 힘을 다해 지금까지의 이 잘못을 바로잡는 것을 가장 시급한 의무로 인식했다. 이 부분에서 그의 시작은 꽤 늦은 편이었다. 무정부주의자로서 혁명을 향한 길(그 길은 가차 없이 엄격하고 예리한 이 사람을 계속 몰아갈 것이었다)로 들어서기 전 오랫동안 그는 박애주의자이자 자유주의자였다.

1881년 우연히 모스크바에 체류한 이후 그는 이러한 사회적인 물음에 더 가까이 다가섰다. 그의 저서 『우리는 무엇을 해야 하는가』에서 그는 대도시에 사는 대규모 빈곤층을 처음 마주했던 날의 충격적인 경험을 서술하고 있다. 그때까지 그는 여러 번 여행을 하며 밝은 눈으로 수천 번 이상 빈곤을 목격했다. 그렇지만 그것은 늘 시골 마을의 개별적인 가난이었지 산업도시의 집중적이고 무산계급화된 빈곤, 이를테면 기계 문화의 기계처럼 시대가 만들어 낸 빈곤은 아니었다.

빈곤층을 돕기 위해 자선단체를 만들거나 물품, 돈을 기증받는 등 그는 처음에 성경에 대한 그의 견해와 상응하는 방법들을 찾았다. 그러나 그는 곧 그런 개별적인 행위의 무용함을 깨달았고 "오직 돈만으로는 이 사람들의 비극적인 생활을 변화시킬 수 없다"고 말했다. 진짜 변화는 사회 시스템의 총체적인 전환을 통해서만 가능할 것이었다. 그는 시간의 벽에 불꽃같은 경고의 말을 썼다. "부유한 자와 가난한 자 사이에는 잘못된 교육이 세운 벽이 있다. 가난한 사람들을 돕기 전에 먼저 이 벽을 부수어야 한다. 나는 우리의 부가 가난한 사람들이 영위하는 참혹한 생활의 원인이라는 결론에 도달할 수밖에 없었다." 당시 사회질서 안의 무언가는 분명히 잘못되어 있었고, 그 사실은 그의 영혼 깊은 곳에서 고통스러울 정도로 선명해졌다. 이때부터 톨스토이의 목표는 오로지 하나였다. 사회적 계층이 나뉨으로써 분리된 계층에게 지위지는 거대한 부당함을 사람들에게 가르치고, 경고하고, 교육해서 그들 자신의 의지로 다시 회복하려는 노력을 하게끔 하는 것이었다.

스스로의 의지와 순수하게 윤리적인 통찰로(여기서 톨스토이즘이 시작되었다) 톨스토이는 최대한 빨리 평등을 이루어 인류가 피로 물든 또 다른 폭동을 일으키지 않도록 하기 위해, 폭력을 수단으로 삼지 않고 도덕적으로 올바른 혁명을 목표로 했다. 양심에서 우러나온 혁명, 부유한 자들이 자유의지로 자신의 부를 포기하고, 일하지 않고 노는 자들이 그들의 무위를 포기함으로써 실현되는 혁명. 누구도 타인의 노동을 과도하게 앗아 가지 않고 모두가 같은 것을 필요로 하며, 신의 뜻에 따라 자연스럽게 이루어지는 새로운 노동의 분배. 이제부터 그에게 사치란 부의 진창 안에서 피는 독을 품은 꽃에 지나지 않았고, 인류의 평등을 위해 필히 근절되어야 할 것이었다.

이러한 인식으로 톨스토이는 카를 마르크스와 프루동보다 수백 배 더 격노해 사유재산에 대항하는 싸움을 개시했다. "오늘날 소유는 모든 악의 뿌리이다. 그것은 소유한 자들에게도 소유하지 못한 자들에게도 고통의 원인일 뿐이다. 호화로움을 누리는 자들과 빈곤 속에서 살아가는 자들 사이의 충돌은 불가피하다." 톨스토이는 모든 악은 소유에서 비롯되고, 국가가 사유재산을 인정하는 한 국가 또한 비그리스도적이고 비사회적이며 (톨스토이는 소유란 다른 이들에게 빚을 지는 것이라 생각했기 때문에) 악의 주범이자 공범이 된다고 생각했다. "국가와 정부는 음모를 꾸며 더 많이 소유하기 위한 전쟁에 돌입한다. 라인 강변에서도, 아프리카의 여러 나라에서도, 이제 곧 중국과 발칸반도에서도 은행원과 상인과 제조업자와 지주들이 무언가를 계획하고 일한다고 설쳐 대며, 조금이라도 더 많이 소유하기 위해 다른 이들을 괴롭게 할 것이다. 공무원도 사유 제도를 위해 싸우고 기만하고 억압하고 고통을 줄 것이며, 우리의 법정과 경찰은 소유한 자들을 옹호할 것이다. 유형지와 감옥 등 소위 범죄를 억제하는 수단으로 쓰이는 끔찍한 것 모두가 사유재산 보호를 위해 존재하게 될 것이다."

톨스토이의 생각에 따르면 세상에는 현존하는 사회질서의 모든 부당함을 비호하는 강한 권력을 가진 단 하나의 범죄자가 있는데, 이 범죄자가 바로 국가이다. 그의 생각에 국가란 오직 사유물을 지키기 위해 발명된 것이고, 문어발처럼 사방으로 뻗은 법률, 검찰, 감옥, 법원, 경찰, 군대 등 폭력의 시스템은 오직 이 목적을 위해 갖추어진 것이다. 그러나 가장 끔찍하고 타락한 국가의 행태는 바로 현 세기 초에 도입된 일반 병역의무였다. 예수의 율법과 복음의 계율을 알아 가려는 '그리스도인'의 도전에 비하면, 국가의 명령에 따라 처음 보는 사람을 죽이려고 살인 병기를 손에 들고 무작위의 구호(조국, 자유, 국가 같은)를 외치는 것은 톨스토이에게 아무런 의미도 없는 일이었다. 그런 구호들이란 자신의 것도 아닌 소유물을 지키고자 하는 의지, 소유의 개념을 억지로 더 고귀하고 도덕적인 것으로 끌어올리려는 의지 외에는 아무것도 아니었다. 톨스토이는 오늘날 문화라고 부르는 것(그가 단지 내면의 타락을 숨기려는 가리개

로밖에 보지 않은)의 상태에서는, 인간에게 국가의 명령에 따라 서로를 (신의 규율과 자기 내면의 도덕적 규율을 어기고) 살육해야 하는 상황이 강요될 수도 있다는 사실을 증명하기 위해 수백 페이지의 글을 썼다.

그렇게 톨스토이(복음의 탐구자에서 결국 급진적인 무정부주의자가 된)는 도덕적으로 사고하는 모든 인간의 의무는 국가가 비그리스도적인 것, 즉 병역의 의무를 강요할 때 기꺼이 저항을 감수하는 것이라는 결론에 이르렀다. 이때 저항은 폭력적인 방식이 아니라 무저항주의로 이루어져야 하고, 그 밖에도 타인의 노동을 이용하고 착취하는 것에 기반을 둔 모든 종류의 행위에 자진해 작별을 고해야 한다. 정직한 사람은 국가에 충성하는 것이 아니라 인간에 대해 생각하고 고찰한다. 톨스토이는 개인이 가질 수 있는 가장 선명한 권리에 대해 이야기하는데, 그것은 설령 법적으로 허용되었거나 심지어 권장된다 해도 내면의 신념에 따라 거부할 수 있는 권리, 국가의 모든 규칙 중 자신이 도덕적으로 올바른 것이라 인정하지 않는 것의 영향력을 덜 받을 권리이다. 그래서 그는 '기독교도'들에게, 영혼의 순수함을 지키고자 한다면 모든 시설이나 기관에서 떠나고 사법부나 관공서와 관련된 일을 맡지 말라고 조언했다.

톨스토이는 그릇되고 비도덕적인 폭력의 원칙, 심지어 국가가 그 주체가 되기도 하는 폭력에 겁먹지 않는 사람들을 하나하나 고무했다. 그 시대의 국가는 사회 저변에 깔린 부당함의 수호자이자 변호사이자 재판관이었다. 톨스토이는 오히려 개인이 저지르는 무정부주의적인 범죄는 도덕적으로 타락한 것으로 보지 않았다. 국가기관들이 겉으로는 잘 정돈되어 있고 인도적인 것처럼 보이듯 말이다. "좀도둑질, 강도, 살인, 사기 이것은 물론 하지 말아야 할 일들이며 인간 내면에 존재하는 악에 대한 혐오감을 불러일으킨다. 반면 지주, 상인, 공장주가 물건을 훔치고 강도질을 하고 사람을 죽이고 형벌을 받아야 할 일을 하고도 종교적으로, 학문적으로, 자유주의적인 변명으로 자신을 정당화하기도 한다. 이들은 다른 사람들에게 자신이 하는 일을 흉내 내도록 호소하고, 그 아래에서 고통받는 사람들에게 직접적으로 악한 일을 행하지 않더라도 선과 악의 경계를 모호하게 흐림으로써 수천, 수백만 사람을 타락시키고 그들에게 악영향을 미친다. (……) 열정의 영향력을 받지 않고 그리스도교 목사들의 승낙과 협력 하에 유복하고 교양 있게 살아가는 사람들이, 노동자와 교육받지 못한 이들이 대개 열정의 과잉 속에서 저지른 살인이 수백, 수천의 사람을 타락시키고 잔인해지게 하는 것이라며 사형선고를 내렸다. (……) 모든 전쟁은 설사 그것이 아주 짧은 기간 동안 일어난 것이라 해도 전쟁에 수반되는 모든 손실, 절도, 방탕함, 강도, 살인 등이 어쩔 수 없었다거나 당연한 것이었다는 거짓된 정당화를 비롯해, 전쟁 행위에 대한 찬양과 영웅화, 군의 깃발, 조국을 위한 기도, 부상자들에 대한 염려의 느낌으로 사람들을 타락시켜 일반적인 상황에서는 100년 동안 광기에 사로잡힌 개개인이 저지르는 정도의 숫자인 100만이 훌쩍 넘는 강도, 방화, 살인 행위가 단 1년 안에 벌어지도록 만든다." 그러니까 톨스토이는 국가가, 현재의 사회질서가 이러한 일의 주범이고, 그리스도의 진짜 적이며, 인격화된 악이라고 주장하며 "미신을 타파하라"는 구호에 격분한다.

인간의 공존을 떠받치는 대들보로 작용하는 국가가 단순히 악한 것이라면, 그것은 지상에서 가장 명백한 그리스도의 적일 것이다. 톨스토이에 따르면 '그리스도교인'의 의무란 이렇게 악마가 일으키는 소란스러운 요구와 유혹을 멀리하는 것이다. 러시아는 프랑스와 영국처럼 자유로운 기독교인들에게 무관심해야 한다. 모든 것을 국가 위주가 아니라 범인간적으로 사고해야 한다.

톨스토이는 다음과 같이 설명하며, 정교회에서 걸어 나온 것처럼 국가에 속한다는 생각에서도 정신적으로 벗어났다. "나는 정부나 국가를 인정할 수 없고 그들 사이에 다툼이 있을 때 그것에 대해 글을 쓰는 방식으로든 아니면 그 중 한 기관에 종사하는 방식으로든 결코 관여할 수 없다. 또한 나는 여러 국가 사이의 차이에 기반을 두고 있는 세관이나 조세 기관에도 관여할 수 없다. 폭발물과 무기 제조, 그 어떤 전쟁에 대비한 일에도 마찬가지이다." '그리스도의 사람'이란 국가기관에서 그 어떤 이익도 취하려 하면 안 되고 국가의 비호 아래 부를 축적하려 하거나 국가의 보호를 받음으로써 경력을 쌓으려고 해서도 안 된다. 그는 법정에 호소해서도 안 되고, 공산품을 사용해서도 안 되며, 타인의 노동에서 생겨난 것은 아무것도 사용해서는 안 된다. 그는 사유재산을 가져서는 안 되고 돈을 손에 움켜쥐는 것을 피해야 한다. 철도는 물론 자전거도 이용하면 안 되고, 절대로 관직에 오르거나 투표에 참여해선 안 된다. 그는 차르를 비롯한 그 어떤 상부에도 충성을 맹세하지 말아야 하는데, 그 이유는 그의 복종이 복음에 쓰인 대로 신과 신의 말에만 약속된 것이기 때문이다. 또한 어떤 사안에 대해 자기 양심 이외의 다른 판결 주체는 인정치 말아야 한다. 톨스토이가 의도한 '그리스도의 사람'(이 말은 사실 '순전한 무정부주의자'로 대체할 수 있다)은 국가를 부정해야 하고, 도덕적으로 타락한 이 기관들의 바깥에서 도덕적인 삶을 살아야 한다. 매우 수동적이고 부정적이고 냉정하고 모든 고통도 기꺼이 감수하려는 이러한 태도가 정치적 혁명가의 것과 근본적으로 구별되는 유일한 점은 국가 질서를 증오하는 게 아니라 완전히 무시한다는 것이다.

이쯤에서 톨스토이와 레닌이 원칙상 대립하는 지점을 살펴보자. 톨스토이주의는 현재의 사회질서처럼 엄격하고 단호하게 사회질서의 반대편에 선 모든 폭력적인 반란을 비난한다. 혁명이란 악을 악(폭력)으로 단죄하는 것이기 때문이다. 빈대 잡으려다 초가삼간 태우는 격이다. 그들 내면의 원칙 중에서도 가장 상위에 놓인 "폭력으로 악에 저항하지 말라"는 활동적인 혁명가와 비교해 수동적이고 개인적인 톨스토이의 저항에 허락된 유일한 투쟁의 형태를 보여 주고 있다. '그리스도의 사람'은 국가가 저지르는 모든 부당함을 결코 인정하는 일 없이 견디고 감내해야 한다. 폭력에 대항해 싸울 때에도 절대 폭력을 사용해서는 안 되는데, 왜냐하면 스스로 폭력을 필요로 함으로써 악의 원칙과 폭력을 인정하게 될 수 있기 때문이다. 톨스토이주의에 동조하는 혁명가는 결코 공격하는 법 없이 오히려 상대가 자신을 공격하도록 내버려 둔다. 그들은 권력관계에서 우위를 점하고자 힘쓰지 않으며, 내면에서 비폭력의 태도가 폭력에 의해 밀려나도록 방관하지 않는다. 그는 '권력'이나 '국가'를 정복해야 할 대상으로 보는 것이 아니라 그의 내면에 속하지 않은 것, 누구도 그의 양심에 반하여 그것의 종이 되도록 강요할 수 없는 그것을 무관심하게 한편에 놓아두는 것이다.

톨스토이는 모든 권위에 대한 그의 종교적이고 초기 기독교적인 반항심과 직업적이고 능동적인 계급투쟁 사이에 매우 명확한 선을 그었다. "혁명가를 만날 때 그들과 우리가 서로 맞닿아 있다고 착각하기 쉽다. 그들과 우리는 국가와 사유재산을 부정하고, 불공정함 같은 것들을 없애야 한다고 외친다. 그럼에도 그들과 우리 사이에는 큰 차이가 존재한다. 그리스도인에게 국가란 원래부터 없는 것이고, 혁명가는 국가를 없애고 싶어 한다. 그리스도인에게 소유란 없는 개념이고, 혁명가는 사유재산을 철폐하고 싶어 한다. 그리스도인에게는 모두가 동등하고, 혁명가는 불평등을 파괴하고자 한다. 혁명가는 국가의 밖에서 정부와 투쟁해 파고들지만, 그리스도인은 결코 싸우지 않고 국가의 기반을 내면에서 파괴한다."

수천 혹은 그 이상 되는 더 많은 사람이 오롯이 자기 자신의 확신으로 국가권력에 굴복하지 않고 차라리 시베리아로 보내지거나 채찍에 맞거나 감옥에 수감되는 것을 택한다면, 톨스토이는 이처럼 영웅적인 수동성을 지닌 방식이 단결된 폭력을 통한 혁명보다 더 많은 것을 이룰 수 있다고 생각했다. 이러한 이유로 종교적인 혁명은 비저항주의의 원칙을 준수하며 장기적으로 지속되기 때문에 폭동이나 비밀결사 같은 형태보다 국가에 더 위험하고 더 큰 해악을 끼친다. 세계의 질서를 변화시키려면 사람들은 스스로 변화해야 한다. 톨스토이가 꿈꿨던 것은 무기의 혁명이 아니라 흔들림 없이 확고하고, 모든 고통을 감내할 준비가 되어 있는 양심의 혁명이었다. 그의 이상은 영혼의 혁명이지 주먹의 혁명이 아니었던 것이다.

톨스토이의 이런 '반국가론'은 (루터의 논문 「그리스도인의 자유」를 연상케 한다) 그 자체로 훌륭한 일관성을 가지고 있었다. 이 시스템 내부의 균열은 톨스토이가 스스로 긍정적인 국가론으로의 선회를 탐색하며 시작되었다. 결국 인간은 그들이 살고 있는 세상 너머 진공의 공간에서는 살 수 없다. 수백만 명의 개인이 한데 층을 이루고 서로 다른 직업과 재능이 매일 교차하는 곳에서는 (범죄자라 할 수 있는 '국가'를 배제한다 하더라도) 지금까지의 '잘못된 점'에 '올바른 것'으로, 악에 선으로 맞설 수 있도록 특정한 질서와 규정이 있어야만 했다. 이제 인류 역사상 1,000여 번째로 사회학적인 구조를 구축하는 것이 비판보다 얼마나 더 어려운 일인지 증명될 것이었다. 톨스토이가 사회질서를 부정하고 비난하는 대신 미래의 더 나은 인간 공동체 건설 방법을 제안함으로써 진단에서 치료의 과정으로 나아가려던 순간, 그의 개념은 완전히 애매해지고 생각은 혼란스러워졌다.

톨스토이는 서로 충돌하는 이익들을 응집시킬 수 있는 수단으로 권위와 법에 의해 규격화된 국가 질서와 그것을 행하는 기관 대신 (그처럼 사람을 보는 혜안이 있고 인간의 영혼을 누구보다 깊이 탐구했던 사람에게 이런 말을 듣는 것이 놀랍긴 하지만) 단순히 '사랑', '형제애', '신앙', '그리스도적인 삶'을 제안한다.

톨스토이의 주장에 따르면 오늘날까지도 계속되고 있는, 문화적으로 사치를 누리는 가진 자와 그렇지 못한 자 사이의 거대한 불화는 오직 소유한 계층이 자유의지로 그들의 모든 기득권을 포기하고, 지금까지처럼 많은 것을 요구하지 않을 때에만 해소될 수 있다. 부자는 그들의 부를 포기하고, 지식인은 우쭐대기를 단념하며, 예술가는 오직 자신의 작품이 대중에게 얼마나 이해받는가를 기준으로 평가받게 될 것이다. 단순한 형태의 삶에 꼭 필요한 것 이상을 취하지 않고 모두가 스스로 행하는 노동에 의해서만 생활해야 한다. 사회적인 평등은 (바로 이것이 톨스토이 사상의 핵심인데) 혁명가가 원했던 것처럼 폭력의 힘을 빌려 가진 자의 소유를 빼앗음으로서 아래로부터 성취되어야 하는 것이 아니라 위로부터 가진 자들의 자발적인 양보에 의해 이루어져야 하는 것이다.

톨스토이는 삶이 이처럼 단순하고 촌스러운 형태로 전락하는 과정에서 문화적인 가치가 많은 부분 상실될 수밖에 없다는 것을 잘 알고 있었다. 그는 예술에 관해 쓴 글에서 우리의 위대한 예술가인 셰익스피어나 베토벤의 문학적, 음악적 능력을 깎아내림으로써 이러한 상실을 조금 더 가벼워 보이도록 했다. 그들의 예술은 민중에게 충분히 이해되지 못했다는 것이었다.

그에게는 오늘날 세계에 독이 되고 있는 빈곤과 부의 끔찍한 갈등을 제거하는 것보다 더 중요한 일은 없는 것처럼 보였다. 그의 생각으로는 일단 동등한 욕망 추구권 아래,

아니 그보다는 동등하게 소거된 욕망 아래 다시 사람들 간의 조화가 이루어지면 시기와 증오 같은 악한 본성이 공격할 목표물을 더 이상 찾지 못할 것이었다. 그런 상태에 도달하기 위해 특정 대상에게 권위를 위임하거나 폭력을 사용하는 것은 불필요한 일이었다. 상하 질서가 모두 사라지고 인류가 오직 형제애에 기반을 둔 공동체 건설 방법을 배우면 진짜 신의 왕국은 지상에서도 시작될 수 있었다.

당시 사회적으로 계급 간 격차가 지나치게 심했던 한 국가에서는 이 테제가 매우 유혹적으로 받아들여졌다. 그 시대에는 톨스토이의 권위 또한 막강해서 많은 사람의 가슴속에 톨스토이의 이 사회론을 실현시키고자 하는 소망이 피어났다. 몇몇 장소에서는 긍정적인 사례가 될 만한 시도가 이루어졌는데, 사람들이 모여 비폭력과 무소유의 원칙에 기초한 거주 구역을 조성했다.

그러나 불행하게도 이 모든 시도는 실망만을 안겨 주고 끝이 났다. 톨스토이는 심지어 자기 집, 자기 가정 안에서도 톨스토이주의의 원칙을 실현시킬 수 없었다. 수년 동안이나 그는 사적인 삶을 자신의 이론과 일치시키려고 노력했다. 그는 동물을 죽이지 않기 위해 그렇게 좋아하던 사냥도 피했고, 되도록 철도를 이용하지 않았으며, 글을 써서 버는 수입은 가족에게 양도하거나 자선 사업에 사용했다. 육식이란 살아 있는 존재를 폭력적으로 죽이는 것을 전제로 하기 때문에 그는 모든 종류의 육식을 거부했다. 그는 스스로 들판에 나가 이삭을 거두었고, 농부의 거친 옷을 입었으며, 자기 손으로 밑창을 두드려 신을 신발을 만들었다.

그러나 그는 그의 사상에 반하는 현실의 벽을 넘지 못했다. 그리고 (이것은 그의 삶의 깊은 비극이었다) 제일 가까운 사람들인 가족에게 가장 공감받지 못했다. 그의 아내는 그에게서 멀어져 갔고, 자식들은 아버지의 잘난 이론 때문에 왜 자신들이 외양간 같은 곳에서 촌부의 자식처럼 자라야 하는지 이해하지 못했다. 그의 비서와 번역자들은 술 취한 마부가 모는 마차처럼 톨스토이가 쓴 '소유' 따위의 단어 주변을 빙빙 돌았다. 주변에 있는 어느 한 사람도 이 훌륭한 초야의 삶을 진정 그리스도적인 것으로 여기지 않았다. 종내에는 자신의 확신과 주변 사람들의 반대가 만들어 낸 간극이 너무나도 큰 고통이 된 나머지 그는 집을 나와 작은 간이역 근처 낯선 침대에서 외롭게, 성스러운 의도로 시작한 일의 결과에 실망감만 안은 채 삶을 마감했다. 그의 굽힐 줄 모르는 확신과 타협을 모르는 사상 때문에 단번에 세상을 변화시키겠다는 그의 시도는 실패로 돌아갔다. 지상에서 맞이하는 이상의 말로가 늘 그렇듯.

그러나 교만하게 보일 위험을 감수하고 한마디 덧붙이자면, 현실 세계에서 이루어지지 않은 건 플라톤의 유토피아적 국가상이나 장 자크 루소가 꿈꾼 사회질서 또한 마찬가지였다. 그리고 확신의 후광이라는 것도 그가 저술한 이론서의 몇몇 개별적인 부분에만 드리워져 있다는 것을 어렵지 않게 판단할 수 있다. 그의 생각이 잘 드러난 단편소설을 한두 편만 살펴보더라도 이론서와의 차이를 확연히 느낄 수 있다. 톨스토이의 가장 아름다운 민중단편은 성경에 실린 욥과 룻의 이야기 앞뒤에 끼워 넣어도 무리가 없을 정도로 간결하고 아름답게 묘사되어 있으며 창의적이다. 반면 자신의 철학 안에서 그는 장황하고 어조가 강하며, 이 모든 것을 떠나 가끔씩 얼굴이 붉어질 정도로 독단적이고 거만한 태도를 취한다. 마치 1880년 이래 오직 그, 레프 톨스토이가 처음으로 복음을 '제대로' 이해했고, 다른 사람들은 아무도 인류 공동체의 문제를 비판적 시선으로 고찰해 본 적이 없는 것처럼 말이다.

사람들은 자주 『우리는 무엇을 해야 하는가』와 『신의 왕국은 우리 안에 있다』 같은 장황한 저서와 결실 없는 성서 해석을 거론하며 톨스토이를 그가 세운 문학의 왕국으로 되찾아 오려 했던 투르게네프의 간청이 옳았다고 평한다. 그 왕국 안에서 톨스토이는 잡다하게 생각만 많은 그렇고 그런 사람 중 하나가 아니라 논란의 여지없는 대가이며, 그의 민족이 낳은 가장 고귀한 예술가였다. 당시는 그의 시대였다. 그러나 아무리 그렇다 해도 톨스토이가 자신이 창조한 작품 세계의 교훈이 빚을 지고 있는 강력한 역사의 흐름을 외면했다면, 그 또한 공정치 못하게 느껴졌을 것이다. 그리고 동시대의 사상적인 작품 중 어느 것도(카를 마르크스나 니체의 저술도) 이와 같은 효과를 내며 가능한 한 모든 방향으로 자유롭게 수백만 민중에게 퍼져 나가지 못했다는 평가는 결코 과장이 아니다.

천상의 심장부에서 마주 보며 흘러내리는 물줄기들처럼 톨스토이의 사상은 특이하게도 20세기의 가장 과격한 운동이 열매를 맺는 데 영향을 주었다. 그에게는 아마 적을 때려 부수는 것이 최우선 과제인 (톨스토이는 사랑으로 평등을 이루어야 한다고 주장했다) 조직적 볼셰비즘만큼이나 멀게 느껴진 것이 없었을 것이다. 볼셰비즘은 개인의 권한을 결코 국가에 위임하지 않으며, 모든 폭력을 중앙집권화하고 무신론에 의지해 혁명 세력을 집산했다. 사회를 산업화했고, 의지를 관철시켰으며, 대중을 무감각에서 일으켜 세웠다. 톨스토이의 "이렇게 살아야 한다!"를 통해 그가 추구했던 것과는 정반대의 것이 이루어진 셈이다.

그럼에도 최초로 차르에게 반항하고, 정교회에서 파문당해 교회를 떠나고, 기존의 권위를 모두 도끼로 쳐 내듯 잘라 버리고, 사회적 평등만을 더 나은 세계 질서의 전제조건으로 삼았던 이 귀족 출신 반혁명주의자만큼 (19세기 러시아혁명의 주연인) 레닌과 트로츠키에게 길을 터 준 사람은 없을 것이다. 금서였던 탓에 사본으로 수십만 명의 손에서 손으로 전해진 그의 저술은 사회혁명주의자 중 가장 급진적인 이들도 아직 자유주의적 개혁 정도로 만족하고 있을 때 소유의 완전한 철폐를 요구함으로써 공동선의 시대에 대한 비전을 제시했다. 러시아가 급진적으로 변화하는 데 톨스토이의 급진주의 사상만큼 커다란 역할을 한 책이나 사람은 없을 것이다. 어느 누구도 그만큼 시골 농부들의 용기를 북돋워 주지 못했고, 그의 사상은 그 어떤 무모함 앞에서도 놀라 뒷걸음질 치지 않았다. 많은 내적 모순을 지녔음에도 그에게 붉은광장의 기념비 하나 정도는 돌아가야 한다. 프랑스인의 조상인 루소처럼 톨스토이도 (물론 지극한 개인주의자였던 그의 뜻에 반하는 것이겠지만) 세계적인 혁명을 이루어 낸 러시아인의 조상이기 때문이다.

특이한 것은 그의 사상이 또 다른 수백만 명의 사람들에게 완전히 반대의 의미로 영향을 미쳤다는 점이다. 러시아인이 톨스토이 사상의 급진성을 받아들였다면 지구 반대편 인도에서는 기독교인도 아닌 간디가 초기 기독교 사상인 비저항주의를 받아들여 그의 3억 동포들과 최초로 수동적 저항의 기술을 조직적으로 실행에 옮겼다. 이 투쟁에서 간디는 톨스토이가 유일하게 허락했던 타인의 피를 희생양으로 삼지 않는 무기를 이용했다. 산업 활동을 포기하는 것, 가내수공업을 활성화하는 것, 외부로 향하는 욕구를 극단적으로 최소화함으로써 내면적, 정치적 독립성을 획득하는 것 등이 그것이었다. 수많은 사람이 (적극적인 혁명을 주도했던 러시아 사람들이나 수동적인 방식을 취했던 인도 사람들이나) 이 반동 성향의 혁명가 혹은 혁명가적 기질을 가진 반동주의자의 사상을 자신의 것으로 만들어 실현시켰다. 그 사상의 창조자는 비난받고 부정당했을지언정 그 뜻은 살아 있었다.

사상 그 자체에는 방향성이 없다. 시간이 손에 사상을 그러쥘 때에야 비로소 거센 바람 속에 펼쳐진 팽팽한 돛처럼 찢겨져 나온다. 사상 자체는 운동성이 있는 힘일 뿐이고,

그 움직임과 흥분이 어디를 향하는지 모른 채 움직여 갈 뿐이다. 그것의 내용에 얼마나 반박의 여지가 있는지는 크게 상관없다. 톨스토이의 사상은 의심의 여지없이 시간과 세계의 역사를 넓은 시각으로 보여 주었기 때문에 그의 이론적인 저술은 그 안에 품은 모든 모순과 더불어 정신적이고 사회적인 의미에서 우리 시대의 가장 중요하고도 유일무이한 일부분이 되었다.

그리고 이 사상은 오늘날의 개개인에게도 분명 의미를 가질 것이다. 평화를 위해, 사람들 사이의 평화로운 소통을 위해 헌신하는 사람에게는 다른 무엇보다 조직적이고 효과적인 투쟁 무기가 되어 줄 것이다. 오늘날 국가의 신격화에 반대하는 사람들이 목적을 이루기 위해 나아가는 과정에서 내적으로 의지할 만한 사상과 행동 강령이 되어 줄 것이고, 이 완전한 자기희생의 우상숭배에 동참하는 것을 망설이는 자는 모든 조국 운운하는 것에서 벗어나 반파시스트가 되어 더욱 강해지는 걸 느낄 수 있을 것이다.

공직자와 사회학자는 우리 시대에 대한 톨스토이의 근본적인 비판에서 예지자적인 인식을 발견할 것이다. 예술가는 자신의 영혼을 고통스럽게 함으로써 인류를 생각하고, 자신이 동원할 수 있는 언어의 모든 힘을 모아 땅 위의 부당함에 맞서 싸운 이 강력한 시인이 보여 준 본보기에 자극받을 것이다. 자신의 분야에서 우뚝 솟은 예술가가 도덕적인 본보기로 받아들여지는 일을 경험하는 건 언제나 그 자체로 환희이다. 그는 한 사람의 인간으로서 그가 가진 명성을 이용해 힘으로 지배하려 들기보다는 인류애로 자기 자신을 종의 위치로 낮추고 진정한 정신적 가치를 찾아가는 싸움을 벌였다. 그가 그 앞에 엎드려 복종했던 권위는 오직 하나, 자신의 꼿꼿한 양심이었다.

톨스토이 (1828-1910)

러시아의 대문호 레프 니콜라예비치 톨스토이는 1828년, 러시아 남부 툴라 근교의 영지 야스나야 폴랴나에서 태어났다. 젊은 시절 톨스토이는 도박에 빠져 지냈으며 1855년에는 도박 빚 때문에 부모의 유산인 야스나야 폴랴나의 저택을 매각하기도 했다.

톨스토이의 생애는 사실주의 문학을 펼치던 전반기와 종교·사상이 중심이 된 후반기로 나뉘는데 이 분기점으로 평가받는 작품이 『참회록』이다. 후반기로 갈수록 신학과 성서 연구에 몰두한 톨스토이는 기존의 기독교에 실망한 나머지 자비, 비폭력, 금욕을 강조하는 이른바 기독교적 아나키즘, 톨스토이즘을 제창했다. 러시아의 소설가 이반 투르게네프는 톨스토이에게 편지를 보내 '신비주의적인 윤리학'에 빠져들어 길을 잃지 말고 문학으로 돌아오라고 부탁하기도 했다. 그의 톨스토이즘은 가장 가까운 가족에게도 환영받지 못했는데, 1910년 10월 가출을 감행한 톨스토이는 가출한 지 열흘 만에 폐렴으로 작은 간이역 근처 오두막에서 세상을 떠났다. 대표작으로는 『전쟁과 평화』, 『안나 카레니나』, 『부활』, 『이반 일리치의 죽음』 등이 있다.

ERNST

THEODOR AMADEUS

HOFFMANN

글로 도피한 남자,

E. T. A. 호프만

✝

무미건조했던 E. T. A. 호프만의 삶을 짐작해 보려면 아마 많은 상상력이 더해져야 할 것이다. 프로이센의 소도시에서 보낸 유년기는 빈틈없는 삶이었다. 초 단위로 짜인 계획에 맞춰 라틴어나 수학을 공부해야 했고, 산책을 가거나그가 사랑하던 음악을 연주했다. 그다음에는 사무실에서의 삶이 이어졌다. 그는 프로이센의 공무원이 되어 어느 폴란드 국경 근처에서 일했다. 다음으로 그의 삶을 비루하게만든 것은 절망적이게도 지루하고 미련하고 분별없는 그의 아내였다. 그러고는 죽기 직전까지 줄곧 각종 서류와 공문서에 서명만 해 댔을 뿐이다. 단 한 번 아주 짧은 외도가있었다. 2, 3년간 극장 감독으로 일한 그 기간은 그가 음악속에서 살고, 여성들과 가까이 지내며, 음률과 언어가 주는 천상의 환희를 느낄 수 있었던 유일한 시간이었다. 겨우 2년이 지났을 때 나폴레옹이 일으킨 전쟁이 극장을 덮쳤다. 이후에는 다시 일과 정확한 시간표와 서류 더미와 가혹하기까지 한 지리멸렬함의 연속이었다.

이 지루한 세계의 탈출구는 무엇이었을까? 가끔은 술이 도움이 됐다. 어두컴컴하고 눅눅한 지하의 술집에서 제대로 취하려면 술을 많이 마셔야 했다. 또한 배우인 드브리앙◆처럼 말로 다른 이를 현혹하는 소란스러운 친구도, 마음 놓고 이야기할 때 귀 기울여 들어 주는 과묵하고 우직한 친구도 있어야 했다. 아니면 음악을 연주하는 방법도 있었다. 그는 어두운 방에 앉아 폭풍이 잦아들 때처럼 멜로디가 잠잠해지도록 내버려 두었다. 또 다른 방법은 모든 분노를 그러모아 서류의 흰 여백에 날카롭고 신랄한 캐리커처를 그리는 것이었다. 그는 공직자와 군인, 법조인, 관료의 기능과 규율에 얽매인 세계가 아닌 다른 차원에서 온 존재를 발명해 그렸다.

그도 아니면 글을 썼다. 책을 쓰며, 쓰는 행위 안에서 꿈을 꿨다. 그 꿈속에서 그의 답답하고 보잘것없는 삶은 환상적인 가능성으로 충만해졌다. 그는 이탈리아로 여행을 떠나기도 하고, 아름다운 여인과 불타오르는 사랑을 나누

◆ 루트비히 드브리앙(1784 – 1832). 독일의 연극배우.

기도 하고, 끝없는 모험을 거듭하기도 했다. 거나하게 취한 밤에는 괴물과 유령이 나타나는 소름 끼치도록 기분 나쁜 꿈을 글로 옮기기도 했다. 그는 이 세계에서, 저급하고 진부한 현재의 생활에서 도피하기 위해 글을 썼다. 호프만은 술을 살 돈을 벌기 위해 글을 썼다. 술을 마심으로써 그는 다시 경쾌하고 밝고 다채로운 꿈을 샀다. 그는 그렇게 글을 쓰며 작가가 되었다. 간절히 원한 것도 아니고, 잘 알지도 못한 채 공명심도 없이, 딱히 흥미도 없이. 오직 공무원의 삶 말고 환상적이고 마술적인 삶을 타고난 타인의 인생을 살아 보겠다는 의지만으로.

황홀함과 꿈으로 이루어진 이 세상의 것이 아닌 세계, 이것이 바로 E. T. A. 호프만의 세계이다. 때때로 그 세계는 잔잔하고 달콤하며, 그의 이야기는 순수하면서도 완벽한 꿈과 같다. 그러나 종종 그는 그 꿈의 한가운데에서 자기 자신과 이미 기울어져 침몰하고 있는 현실의 삶을 떠올린다. 그러면 그는 사람을 신랄하고 사악하게 왜곡해 희화화하거나 요괴의 모습으로 끌어내려선 그를 학대하거나 괴롭혔던 상사의 초상을 증오의 벽에 경멸하듯 못질해 걸었다. 현실의 유령을 섬뜩한 소용돌이 안으로 밀어 넣었다. 『브람빌라 공주』도 그런 환상적인 반쪽짜리 현실인데, 명랑하면서 날카롭고, 사실적이면서 동시에 동화적인, 복잡하게 얽혀 소용돌이치는 것에 대한 호프만 특유의 기묘한 쾌락으로 가득 차 있는 작품이다. 그가 그린 인물 그림이나 그 자신의 서명처럼 그는 모든 캐릭터에 구불구불한 꼬리 같은 것을 달아 준다. 이것이 그의 캐릭터를 독특하게 만들며 예상치 못한 느낌이 주는 놀라움을 더한다. 후에 에드거 앨런 포는 호프만에게서 유령의 존재를 빌려 왔고, 일부 프랑스 작가는 낭만파 문학에 몇몇 요소를 차용했다. 그러나 부조화, 날카롭고 새된 뉘앙스에 E. T. A. 호프만이 느끼는 기묘한 환희는 이후로도 항상 유일하고 독창적인 것으로 남아 있었다.

문학을 음악적으로 느끼는 감상자라면 호프만의 이 톤을 결코 잊을 수 없을 것이다. 그 안에는 무언가 고통스러운 것이 있었다. 모멸감과 고통으로 까무러치는 목소리. 그저 명랑하게 쓰고자 했던 단편에서도, 혹은 진기한 발명을 거만하게 소개하는 글에서도 이 베는 듯 날카롭고 잊히지 않는 악기의 톤이 난데없이 끼어든다. E. T. A. 호프만은 지금까지 항상 손상되고 찢어진 작은 틈이 있지만 훌륭한 악기 그 자체였다. 그가 폭풍같이 몰아치는 디오니소스적 쾌활함과 번쩍하고 이는 불꽃처럼 탁월한 영리함을 타고났다는 것, 이상적인 예술가의 소질을 지녔다는 사실은 반복된 일상의 압박 속에서 그의 가슴을 갈기갈기 찢어 놓기 일쑤였다. 수년 동안 그는 결코 단 한 번도 밝은 빛을 발하거나 기쁨의 불꽃이 이는 작품을 쓰는 데 자신의 재능을 자유롭게 발산하지 못했다. 그에게 허락된 것은 그저 짧은 꿈뿐이었다. 피의 붉음, 쓸개즙의 노랑, 공포의 검정으로 채색된 그 꿈은 잊히지 않는 기묘함으로 또 다른 꿈을 잉태했다.

한 세기가 지난 지금도 그 꿈들은 다양한 언어로 살아 숨 쉬고 있으며, 환각의 안개나 환상의 붉은 구름 사이에서 걸어 나온 뒤 모습을 바꾸어 유령처럼 그에게 맞섰던 인물들은 그의 예술에 힘입어 아직도 우리의 정신세계 안을 배회하고 있다. 이미 100년에 걸쳐 검증된 것은 앞으로도 영원히 그러할 것이다. 그렇게 E.T.A.호프만은 (일상의 비루함이라는 십자가에 못 박힌 불쌍한 죄인이었던 그는 짐작조차 할 수 없었겠지만) 시인과 몽상가라는 영원한 범주에 속하게 되었고, 현실이 도달할 수 있는 것보다 더 다채롭고 다양한 모습을 그려 보여 줌으로써 그를 괴롭히던 삶에 최상의 복수를 한 셈이 되었다.

E. T. A. 호프만 (1776-1822)

독일 낭만주의 문학을 대표하는 작가이자 환상문학의 개척자로 꼽히는 E. T. A. 호프만은 쾨니히스베르크의 명망 있는 사법관 집안에서 태어났다. 그 또한 대학에서 법학을 전공하고 프로이센 법률관을 지냈으나 후에는 음악에 열중해 반베르크에서 악단 지휘자로 일하기도 했다.

그의 문학은 그로테스크한 유머와 고통스러운 비극성으로 가득 차 있다. 괴담의 명수라 불리기도 한 호프만은 상상 속에서 공상적이고 기괴한 나라를 세웠고 이러한 그의 작품 세계는 에드거 앨런 포, 보들레르, 모파상, 도스토옙스키, 카프카 등 여러 문학가에게 영향을 미쳤다. 또한 그가 쓴 환상 동화 『호두까기 인형』은 차이콥스키의 발레극 『호두까기 인형』의 원작으로 크리스마스를 전후해 세계적으로 가장 많이 공연되는 작품 중 하나가 되었다. 그의 작품으로는 『모래 사나이』, 『호두까기 인형』, 『악마의 묘약』, 『수고양이 무어의 인생관』, 『브람빌라 공주』 등이 있다.

ALBERT
SCHWEITZER

어떤 고귀한 삶,
알베르트 슈바이처

✝

　완벽한 하루를 보내는 것은 굉장히 드문 일이다. 그렇
기 때문에 완벽한 하루를 보냈거나 오늘날 그것을 허락받
은 이는 감사한 마음을 갖고 그 마음을 표현해야 할 의무를
지닌다.

　아침부터 큰 선물을 받았다. 몇 년 만에 나는 아마 전
유럽을 통틀어 가장 무게감이 느껴지지 않는 성당일 스트
라스부르 대성당 앞에 서 있었다. 하늘을 흐리고 지평선을
뭉개는 초겨울의 안개도 그 효과를 감소시키지는 못했다.
오히려 그 반대였다. 독특한 붉은 암석 내부에서 빛이 뿜어
져 나오듯이 이 직육면체의 명작에 조각된 수백 개의 형상
이 일제히 날아올랐다. 황홀하게 가볍지만 매우 확고하게,
하나하나 경쾌한 몸짓으로 떠오른다. 행복하게 위로 솟구

쳐 오르는 외부에서 안으로 들어서면 성당 내부를 보고 다시 놀라게 된다. 너비가 확연히 보이도록 설계된 공간에 일요일의 성가와 오르간 소리가 울려 퍼진다. 이 완벽함은 행방불명된 천재 에르빈 폰 슈타인바흐♦가 창조한 것으로, 일찍이 괴테도 젊은 시절에 그의 명성을 글로 써서 영원불멸한 것으로 남긴 바 있다.

그러고 나서 나머지 오전 시간과 점심시간을 알자스 땅에 남아 있는 독일의 위대함을 좇으며 보냈다. 마티아스 그뤼네발트♦♦의 『이젠하임 제단화』에 다시 한 번 감탄하기 위해 20여 년 전보다 조금 더 많은 지식, 여전한 감수성을 지니고 콜마르로 향했다. 완벽한 정도로만 따지면 스트라스부르 대성당과 동류지만 이 위대한 작품은 성향에서 대성당과 정확히 반대편에 위치해 있다. 대성당의 돌에는 음악이 새겨져 있고, 하늘을 향한 경건함이 결정으로 굳어 있다면 이곳의 불타오르는 색채 안에는 보는 이를 압도하는 황홀에의 열정, 열광적인 채색, 멸망과 부활에 관한 묵시록적인 환영이 숨겨져 있다. 대성당의 예술성이 믿음 안에서의 고요와 마지막 충족됨을 향한 느리지만 끈질기고 겸허한 노력을 보여 준다면 이곳의 거친 도약, 미쳐 날뛰는 신적인 황홀경, 성스러운 광기는 그림으로 재현된 열광 그 자

♦ 에르빈 폰 슈타인바흐(1244–1318). 독일 건축가로서 스트라스부르 대성당 건축에 중심적인 역할을 했다.
♦♦ 마티아스 그뤼네발트(1472–1528). 15세기 독일의 르네상스 화풍을 주도했던 화가. 『이젠하임 제단화』가 대표작이다.

체이다. 이 불꽃같고 악마적인 그림의 유일한 비밀에 접근하고자 지금까지 수십, 수백 번이나 꽤 우수한 수준의 복제 시도가 있었을지 모른다. 그러나 감상자는 오직 여기 이 장소에서만 완전히 그림에 사로잡혀 자신이 이 땅 위의 기적이 그림으로 현현한 것을 보고 있다는 걸 직감할 수 있었다.

두 가지 완전히 다르지만 결점 없기로는 매한가지인 인간 창조력의 완벽함을 경험한 후에도 바싹 마른 11월의 해는 고작 중천에 다다랐을 뿐이다. 아직 하루는 충분히 남아 있고, 감정은 활짝 열려 다음 체험을 기다리고 있다. 아니 어쩌면 감정은 점점 고조되어 더욱 마법 같은 인상도 잘 받아들일 수 있을지 모른다.

시간과 의지가 허락해 강렬한 경험을 원한다면, 지금까지의 느낌으로 충만해졌지만 그래도 아직 부족하다고 느낀다면, 알자스 지방에 있는 귄츠바흐라는 자그마한 도시로 가서 알베르트 슈바이처의 사제관을 방문하는 것도 좋을 것이다. 아프리카에서 떠나와 잠시 고향 마을에서 쉬며 새로운 열정으로 무장하고 있는 이 사람을 만날 기회를 놓치면 안 되는 이유는 완성된 인간 또한 완전한 예술 작품만큼이나 만나기 어렵기 때문이다.

알베르트 슈바이처라는 이름은 오늘날 많은 사람에게

강렬한 울림을 주지만 그 의미는 각자에게 모두 다를 것이다. 수많은 사람이 그를 사랑하고 존경한다. 그러나 아마 그들 중 대부분은 그를 바라보는 시각이 서로 완전히 다를 것이다. 왜냐하면 이 사람은 이 세상에 다시는 없을 다양성을 지닌 유일무이한 사람이기 때문이다. 우리 중 일부는 그가 몇 년 전에 괴테상을 수상했다는 사실만을 알고 있을 것이다. 그러나 프로테스탄트 교회의 성직자는 그가 『사도 바울의 신비주의』를 저술한 당대의 가장 훌륭한 신학자이기 때문에 감탄한다. 음악학자는 요한 제바스티안 바흐에 관한 가장 위대하고도 기본적인 작품을 쓴 그를 존경한다. 오르간을 제작하는 장인은 그를 유럽의 모든 오르간에 대해 알고 있는 유일한 사람이자 오르간 제작의 가장 중요한 부분까지 연구한 인물이라 일컫는다. 음악가는 (귄터 라민◆과 함께) 그를 동시대의 가장 위대한 오르간 연주자로 꼽는다. 그가 연주회를 개최하면 며칠 전에 이미 모든 입장권이 매진된다. 그러나 그의 가장 위대한 업적이라 하면 그가 유럽을 대신해 속죄하기 위해 인간적인 희생을 치르며 아무런 국가적 지원도 받지 않은 채 혼자 아프리카의 열대우림 속에 병원을 세우고 기반을 닦은 것을 들어야 할 것이다. 인간적인 특성에 얽매여 사는 보통 사람들은 말로 하고 글로

◆ 귄터 라민(1898 - 1956). 독일의 오르간 연주자이자 지휘자.

쓰기만 했던 이상주의라는 단어가 자기희생과 더불어 실제 행동으로 옮겨지는 모습을 보며 치하하고 감탄한다. 뼛속까지 겸손한 이 사람은 오늘날 도덕적인 본보기로 존경받고 있으며, 점점 더 많은 사람을 자신의 주변으로 불러 모으고 있다. 지난 몇 년간 그의 영향력이 얼마나 강해졌는지는 그가 쓴 『나의 생애와 사상』이 얼마나 널리 알려졌는가가 증명하고 있다.

그의 삶은 정말로 존경받을 만하다. 그는 갑자기 영웅전기의 대상이 되었다. 여기서 영웅이란 군사적 영웅이 아니라 새로운 의미에서 간디나 로맹 롤랑, 슈바이처 등 우리가 잘 아는 이 시대의 유명인처럼 이타적이고 완전한 희생으로 도덕적인 영웅상이 된 인물을 뜻한다.

슈바이처는 독일과 프랑스 두 나라 사이에서 태어나 저서를 일부는 프랑스어로, 일부는 독일어로 씀으로써 두 언어를 매우 긴밀하게 연결해 주었다. 고향 귄츠바흐에서 목사의 아들로 태어나고 자란 슈바이처는 1899년에 스트라스부르의 세인트니콜라이 교회에서 사제 서품을 받았다. 성서 강독이나 설교 같은 일상적인 업무를 맡았는데 2년 후에는 '요한복음에서의 언어학'이라는 강의로 스트라스부르 신학대학의 교수 자격시험에 통과했다. 이와 동시에 그는 방학 기간 동안 바그너, 세자르 프랑크, 비제와 알고 지냈던 노년의 마이스터 비도르◆에게 사사받기도 했다.

지칠 줄 모르고 일을 한 슈바이처는 그때부터 음악과 신학 두 영역 모두에서 열매를 맺었다. 한쪽에서는 「예수 연구의 역사」라는 논문이, 다른 한쪽에서는 지금까지도 그것을 능가하는 작품이 나오지 않은 요한 제바스티안 바흐의 전기가 출판되었다. 그는 오르간 장인으로서 가능한 모든 오르간을 연주하며 이미 반쯤은 사라져 버린 옛 오르간 장인들의 비밀을 발견하기 위해 이 도시 저 도시를 여행했다. 이 분야에서도 그는 권위를 인정받았다.

이 모든 일이 평행선상에서 선명하게 계속될 수 있었지만, 30세 되던 해에 그는 아무도 예상하지 못한, 신앙심 깊은 그의 본성이 한 일이라고밖에 볼 수 없는 결정을 내렸다. 자신이 충분히 쓸모 있다고 느껴지지 않는 유럽을 떠나 적도 부근의 아프리카에 가난한 자 중에서도 가장 가난한 자, 버려진 자 중에서도 가장 버려진 자, 무엇보다 수면병 같은 열대병을 오래 앓아 쇠약해져 있는 수많은 흑인을 위한 병원을 스스로의 힘으로 지으리라 결심했던 것이다.

미쳤군. 그의 친구도, 친지도 그렇게 말했다. 왜 아프리카야? 유럽에도 도움이 필요한 비참한 사람은 많아. 그러

◆ 샤를 마리 비도르(1844 – 1937). 프랑스의 오르가니스트, 작곡가이자 음악 교육자.

나 알베르트 슈바이처의 내면에서 우러난 답은 달랐다. 왜 냐하면 아프리카에서 일하는 것이 가장 고될 테니까. 원시 림 속에 산재하는 일상적인 위험 때문에 돈을 벌려는 사람, 탐험가, 커리어를 쌓으려는 사람 외에는 감히 발을 들여놓 으려 하지 않는 아프리카야말로 순수하고 윤리적인 동기를 가진 사람들이 가장 필요한 곳이었다.

그리고 더욱 신기한 것은 그가 한 명의 개별적인 인간 으로서 그의 종족이 저지른 말로 다 할 수 없는 부정에 대 해 속죄하려는 마음을 가지고 있었다는 점이다. 우리 유럽 인, 자칭 문화적이라는 백인이 수백 년 전부터 지구의 검은 부분에 저지른 일에 관한 것이었다. 유럽이 아프리카에 어 떤 짓을 했는지, 노예 착취부터 시작해 브랜디, 매독, 약탈 에 이르기까지 그 땅의 영문도 모르는 어린아이들에게 어 떤 고통을 주고 남김없이 빼앗고 닥치는 대로 죽였는지(물 론 앙드레 지드의 『콩고의 책』에서 보듯 오늘날(1932년 당시) 이라고 더 나아졌다고는 할 수 없다), 제대로 된 역사가 쓰 인다면 그 역사책은 우리 인종에게 대단히 수치스러운 책 이 될 것이고, 파렴치한 몇십 년간의 문화적 자의식이라는 것은 퍽 겸손한 수준으로 쪼그라들 것이다. 이 신앙심 깊은 남자는 원시림 한가운데에 선교 병원을 세움으로써 어마어

마한 그 죄를 아주 작은 부분이나마 갚고자 했다.

마침내 아프리카로 가는 사람 중에 이윤이나 호기심 충족을 위해서가 아니라, 불행한 사람 가운데에서도 가장 불행한 사람들을 순수하게 인간적인 의도로 돕기 위해 가는 사람이 나타난 것이다. 그러나 의학에는 아무런 지식도 없던 그가 어떻게 병원을 세울 수 있었을까? 알베르트 슈바이처의 확고한 에너지는 그런 사소한 걸림돌에 겁먹지 않았다. 30세의 신학 교수였던 그는 명인의 자리에 오른 오르간 연주자 중 한 명이자 음악학자로서 이름을 떨치고 있었지만, 경제적 상황이 어려웠음에도 열여덟 살짜리 아이들과 함께 다시 파리의 대학 강의실에 앉아 의학을 공부하기 시작했다. 1911년, 36세가 된 그는 의사 국가고시를 통과했다. 1년간의 실습을 거친 뒤 박사 논문을 취득해 거의 40세에 이르러서야 그는 마침내 이 땅의 다른 영역으로 가는 여행길에 오를 수 있었다.

가장 중요한 부분이 빠졌다. 그는 병원 건립에 필요한 엄청난 액수의 자금을 어떻게 조달했을까? 알베르트 슈바이처는 여하한 경우에도 프랑스 정부에 자금을 요청하려 하지 않았다. 그는 자금을 지원받는 것은 곧 관에 의존하게 됨을 의미하며, 그것은 검열과 귀찮은 간섭의 연속임을, 순수한 인류애가 정치적인 것으로 변질될 것임을 알고 있었던 것이다. 그래서 그는 자신이 쓴 책에서 나오는 인세를 모두 쏟아부었고, 몇 번의 연주회를 열었다. 그와 뜻을 같이하는 친구들도 힘을 보탰다.

1913년 여름 그는 결국 오고우에 강변의 랑바레네♦에 도착해 병원 짓는 일에 착수했다. 처음에는 2년 동안 머물 예정이었으나 나중에 그 기간이 4년 반으로 연장되었다. 그사이 전 유럽에 전쟁이 덮쳐 왔기 때문이다. 프랑스 식민지에서 인류를 위해 밤낮없이 일하던 이 선한 사마리아인은 소지한 여권 때문에 갑자기 자신이 알자스 사람, 즉 당시 상황으로는 독일인임을 험악한 방식으로 떠올려야 했다. 그는 1914년 8월 5일부터 전쟁 포로 신분이 되었다. 처음에는 진료하는 것이 허락되었다. 하지만 곧 전시의 관료주의가 누구도 건드릴 수 없는 성스러운 영역을 차지해 버렸다. 슈바이처는 멀쩡히 일하고 있던 아프리카 원시림 한가운데에서 유럽으로 송환되었고, 꼬박 1년 동안 피레네 산맥의 철조망 아래에서 무위의 시간을 보냈다. 그가 귀향했을 때는 익숙한 귄츠바흐의 풍경도 모두 파괴되어 황폐해진 후였다. 산은 벌거숭이가 되었고, 그가 평생을 바쳐 싸우고자 했던 삶의 비참함은 이제 수천 배가 되어 도처에

♦ 아프리카 가봉의 서부, 오고우에 강 유역에 있는 도시.

널려 있었다.

그가 한 일은 모두 쓸모없는 것처럼 보였다. 다시 아프리카에 병원을 짓는다는 건 생각하기조차 어려운 일이었다. 갚아야 할 빚이 있었고, 나라에서 나라로의 왕래는 차단되었다. 슈바이처는 이 기간을 『문화의 몰락과 재건』, 『문화와 윤리학』을 쓰고 바흐 책을 마무리하며 보냈다. 그러나 그의 결심은 확고했다. 연주회를 연달아 개최했고, 5년 후에는 다시 얼마간의 자금을 모을 수 있었다. 1924년에 그는 이전에 지었던 건물이 전부 썩어 허물어진 랑바레네로 다시 떠났다. 정글이 건물을 잠식해 다른 장소에 모든 것을 새로, 더 크게 지어야만 했다.

그러나 이번에는 그동안 그가 쌓아 온 명성과 명예가 도움이 되었다. 자석이 쇳덩어리에 자성을 띠게 만들듯 강력한 윤리적 에너지가 방출되어 그 내면의 희생적인 본성이 그동안 무관심했던 사람들을 헌신의 길로 이끈 것이다. 인류 중에는 아직 발현할 기회를 얻지 못한 거대한 이상주의를 마음속에 간직한 채 자신을 온전히 헌신할 일을 찾는 사람이 수없이 많았다(이 이상주의는 대개 정당정치인에 의해 아전인수 격으로 이용되곤 하지만). 드물게 운이 좋을 경우 그것이 전 인류를 위한 사상을 실현하는 데 풍족하고 자유롭게 공헌하기도 한다. 그의 생각에 감화되어 그와 함께 일하고 싶어 하는 사람들의 무리가 도움을 제안했고, 아프리카에는 그 어느 때보다 견고한 건물이 세워졌다.

슈바이처는 1927년과 1928년에 다시 한 번 휴식기를 가졌다. 이 시기에 그는 유럽에 머물며 연주회를 열어 그 수익을 병원 건립을 위한 물적 토대로 삼았다. 이런 식으로 그는 자신의 삶을 서로 다른 두 직업으로 나누었다. 그리고 이 두 가지 일과 자신의 성향에 충실하며 목표를 향해 나아갔다.

아프리카로 떠나기 위해 서두르고 있는 이 훌륭한 인물을 다시 한 번 만날 행운을 놓쳐서는 안 된다고 생각했다. 지금 세계는 설득력 있고 모범적인 인물의 결핍에 시달리고 있다. 따라서 이 정도 시간을 할애하는 것은 번거로운 대가를 치르는 것으로 여겨지지 않을 정도였다. 나는 수년 동안 슈바이처를 만나지 못했고, 시시각각 달라지는 현재를 대신하기에는 서신도 너무 뜸했다. 그래서 그의 따스하고 맑고 진정성 담긴 눈빛을 다시 대면할 수 있음이 진정 기뻤다.

전보다 머리카락은 조금 세어 있었지만 인상이 뚜렷한 전형적인 남독일 사람의 얼굴 골격은 여전히 절로 경외심을 자아냈다. 무성한 콧수염뿐 아니라 불룩 솟은 이마에서 엿보이는 정신마저 니체의 초상과 유사한 느낌이었다. 리더십이란 의도하지 않더라도 내면에서 어떤 권위의 오라를 뿜어내기 마련이다. 그런데 알베르트 슈바이처의 자신감은 아집 따위가 아니라, 올바른 길이 무엇인지를 아는 한 인간의 안정감이 내면에서 외부로 드러난 것이었다. 또한 그가 발산하는 힘은 결코 공격성을 띠지 않는데, 그 이유는 그의 사상과 삶 전체가 가장 고귀한 형태로 삶을 긍정하고 있기 때문이었다. 아니, 그보다는 그의 정중하고 이해심 많은 태도와 관용 안에 삶에 대한 긍정이 정신적, 육체적으로 내재해 있었다고 표현하는 편이 더 좋을 것이다.

알베르트 슈바이처의 신앙심과 교회에 대한 믿음에는 맹목적인 면이 없었다. 전직 목사이자 신학자인 사람과 대화를 하며 가장 놀라고 그를 대단하게 여긴 부분은 그가 중국 철학자들의 신앙적인 텍스트를 지상에 존재하는 가장 훌륭한 윤리라고 여긴다는 점이었다.

무척 풍성한 오후였다. 랑바레네의 사진을 들추어 보았고, 늘 새롭게 밀어닥치는 인간 세계의 비루함을 잠시라도 덜어 주기 위해 이루 말할 수 없는 시시포스의 노동을 감내하고 있는, 지금은 휴식 중인 선교회의 조력자와 간호사들의 소리가 들려왔다. 수많은 편지와 원고로 어지러운 이 방에서 안정과 고요가 보기 드물게 조화를 이룬 그의 남자답고 수려한 용모에 틈틈이 눈길을 주는 것은 즐거운 일이었다. 눈에 보이지 않는 어떤 힘의 중심이 지구 반대편에서 공익과 도덕적 창조를 위한 행위로 바뀌고 동시에 다른 수천 명의 사람이 지닌 비슷한 힘을 고취시키고 자극한다는 것을 느낄 수 있었다. 휴식 중인 그와 이야기를 나눌 때 그는 보이지 않는 군대의 지휘관이었고, 마법사 무리의 중심에 선 사람이었다. 이들은 폭력적인 성격이나 행위 없이도 수십 명의 정치 지도자나 교수, 권위자보다 더 많이 이미 존재하는 폭력을 해소했다. 실천이 그 어떤 도그마나 말보다 더 큰 힘을 지닌다는 것을 또 한 번 확인할 수 있었다.

우리는 일요일의 조용한 마을을 지나 작은 골짜기로 향했다. 전쟁의 상흔은 사라진 지 오래였다. 대포가 시시각각 둔중한 소리를 내며 포탄을 토해 놓던 보주 산맥의 산비탈과 다른 편의 독일 쪽 영토에는 고요하고 평화로운 저녁놀이 지고 있었다. 14년 전에는 지하 벙커와 짚으로 덮인 터널이었던 길을 이제는 아무 염려 없이 걸을 수 있었다. 이 길을 따라가면 작은 교회에 다다르게 된다. 이 위대한 음악가는 우리가 감히 따로 요청하지 못했건만, 그만의 방식으로 만들어진 오르간을 연주하는 걸 다시 한 번 들어 보고 싶다는 우리의 비밀스러운 소망을 이미 알고 있었던 것이다.

그가 지금 문을 열고 들어가는 귄츠바흐의 작은 교회는 유럽에 있는 수십만 개의 교회 중에서도 매우 특별한 곳이다. 외관이 특별히 아름답다거나 미술사적으로 의미 있는 교회이기 때문이 아니다. 이 교회의 특별함은 영적, 종교적 본성에 있다. 이 교회는 알자스 지방과 스위스의 몇몇 지역에서 볼 수 있는 다른 교회처럼 가톨릭과 프로테스탄트식 예배에 모두 적합하게 지어졌다. 나지막한 나무 난간으로 막혀 있는 합창석은 프로테스탄트식 예배와 다른 시간대에 열리는 가톨릭 형식의 미사 때에만 개방된다. 불가능할 것만 같았던 일, 독일과 프랑스의 언어가 하나의 공간에서 자유롭게 어우러지는 일이 이 교회에서 일어나고 있다. 가톨릭과 프로테스탄트 교회가 서로를 증오하지 않고 중립적인 신의 집에서 연결되어 존재할 수 있다는 것, 알베르트 슈바이처의 설명에 따르면 이런 평화로운 공존을 경험하며 자랐다는 사실이 삶을 바라보는 그의 태도에 지대한 영향을 미쳤다고 한다.

우리가 들어섰을 때 아무도 없는 교회 내부는 이미 어

두웠다. 우리는 불을 켜지 않았다. 오로지 오르간 건반 위의 작은 전구 하나만 켰다. 그 전구는 이제 막 건반 위를 움직이기 시작한 슈바이처의 두 손을 비추었고, 명상에 잠긴 듯 아래로 숙인 얼굴은 반사된 빛을 받아 무언가 신비로운 분위기를 띠었다. 알베르트 슈바이처는 오직 우리만을 위해 밤처럼 어두운 빈 교회에서 그가 사랑하는 요한 제바스티안 바흐의 곡을 연주하기 시작했다. 무엇과도 비교할 수 없는 체험이었다!

나는 다른 명연주자들을 부끄럽게 만드는 이 명인이 뮌헨의 한 오르간 연주회에서 연주하는 것을 1,000여 명의 관객과 함께 이미 들어 본 적이 있었다. 기술적인 면으로 보면 그때의 연주가 지금보다 못하지는 않았을 것이다. 그러나 나는 요한 제바스티안 바흐 음악의 형이상학적인 힘을 이때만큼 강력하게 느껴 본 적이 없었다. 이 힘은 진정으로 신실한 한 사람에 의해 일깨워지고, 그의 엄청난 헌신으로 형태를 갖추었다. 그의 손가락은 꿈꾸는 듯하지만 동시에 확신 가득한 정교함으로 어두운 건반 위를 거닐었다. 인간적이면서 동시에 초인적이기도 한 울림이 나무로 된 오르간의 거대한 흉부에서 날아올랐다. 위대한 질서정연함과 최상의 충일 가운데서 그가 연주하는 푸가의 완전함은 스트라스부르 대성당의 돌처럼 영원히 변함없을 것같이 느껴졌고, 그 색채가 아직도 눈꺼풀 아래에서 뜨겁게 타오르고 있는 마티아스 그뤼네발트의 제단처럼 강렬한 환희로 가득했다. 슈바이처가 우리에게 연주해 준 곡은 바흐의『강림절 칸타타』였다. 먼저 성가가 등장하고 자유로운 환상곡이 그 뒤를 따랐다. 교회의 검은 건물은 위대한 음악으로 조용하고 은밀하게 채워져 갔다.

그렇게 한 시간 정도 생동하는 고양의 시간을 보낸 후, 날이 저물어 이미 어두워졌지만 왠지 이전보다 밝게 느껴지는 길 위로 나온 우리는 저녁 식사 자리에서 길고 따스한 대화를 이어 갔다. 그날 저녁, 진정한 인간성과 눈에 보이지 않는 예술이 주는 감동은 모든 복잡한 속세의 사정과 정치적인 장애물을 자연스럽게 제거했으며, 우리의 내면을 온기로 데웠다.

콜마르로 돌아가는 길, 열차를 타고 밤을 달리며 감사하게도 많은 자극을 받고 동시에 인식의 지평이 확장되는 느낌을 받았던 하루를 되돌아보았다. 하루 만에 독일 건축의 가장 완전한 기적 중 하나인 스트라스부르 대성당을, 독일 미술의 명작인 『이젠하임 제단화』를 그리고 눈에 보이지 않는 음악의 대성당인 요한 제바스티안 바흐의 음악을 우리 시대 음악 명인의 연주로 체험했다. 이렇게 완전한 하루를 보내고 나면 아무리 시대가 어렵다 한들 누구든 경건한 신앙심을 갖게 될 수밖에 없다.

기차는 달리고 달려 알자스 땅을 지난다. 일순간 밖에서 불리는 역 이름에 소스라치게 놀란다. 아마도 이 이름들이 암울한 기억을 떠오르게 하기 때문일 것이다. 슐레트슈타트, 뮐하우젠, 탄, 이런 지명이 전시 군사 보도의 내용을 기억나게 한다. 여기에서 1만 명, 저기에서 1만 5,000명이 사망하고, 보주 산악 지대에서 유령이 되어 은빛 안개 속을 배회하는 10만 혹은 15만의 영혼. 칼에 찔려, 총탄에 맞아, 독가스에 취해, 독극물을 마시고, 내전에서 형제 살해의 증오를 품은 채 스러져 간 사람들. 나는 다시 낙담하고 말았다. 정신의 영역에서 위대한 예술을 창조해 온 인류인데, 그 사람들이 어째서 지난 숱한 세월 동안 이 가장 단순한 비밀을 배우지 못했는지 도무지 이해할 수 없었다. 이런 바래지지 않을 공동의 유산을 가진 인간과 인간은 서로 이해하려는 노력의 고삐를 늦추면 안 된다는 것을.

알베르트 슈바이처 (1875-1965)

'밀림의 성자'로 잘 알려진 알베르트 슈바이처는 1875년, 독일의 영토였던 알자스 지방에서 태어났다. 당시 프랑스와 독일의 접경 지역이었던 알자스로렌은 오랜 세월 영토 분쟁에 시달리며 양국의 인종과 언어, 문화가 공존한 곳이었다. 따라서 슈바이처도 프랑스어와 독일어를 모국어처럼 구사했다.

알베르트 슈바이처는 의사이자 선교사로 많이 알려져 있으나 사실 그는 『사도 바울의 신비주의』를 저술한 신학자이자 요한 제바스티안 바흐에 관한 저술을 발표한 음악학자, 동시대의 가장 위대한 오르간 연주자이기도 했다. 30세의 신학 교수였던 슈바이처는 아프리카로 선교 활동을 떠나기로 결심, 열여덟 살짜리 아이들과 함께 다시 파리 대학 강의실에 앉아 의학을 공부하기 시작했다. 36세가 된 그는 의사 국가고시를 통과한 뒤 약 40세에 이르러 아프리카로 떠났다. 유럽을 대신해 아프리카에 속죄한다는 생각을 지니고 있었던 슈바이처는 아무런 국가적 지원도 받지 않은 채 아프리카의 열대우림 속에 병원을 세우고 기반을 닦았다. 이후 1965년 숨을 거둘 때까지 유럽과 아프리카를 오가며 의료 활동을 이어 갔다.

1952년 노벨 평화상을 수상했다.

젊음의 화신,
바이런

GEORGE GORDON
BYRON

✝

이 사람은

공동의 규칙을 지키는 사람이 아니요. 그의 풍채와

존재가 여기 징조를 보이고…… 그의 염원은

이 땅에 사는 사람들의 것을 넘어섰소.

―「맨프레드」2막

　　1824년 부활절, 미솔롱기◆의 포대에서 서른일곱 발의 총성이 울려 퍼졌다. 마브로코르다토 후작의 명으로 모든 건물과 상점이 급작스럽게 문을 닫았다. 그리고 곧 그리스 습지의 허술한 요새에서 전해진 소식이 이 세상을 끝에서 끝까지 가득 채웠다. 셰익스피어 이후 영어라는 언어를 세계 방방곡곡에 실어 나른 시인 바이런이 사망했다. 환희로 들뜬 젊은이들과 그의 마성에 사로잡힌 이 시대는 20년간 그의 당당하고, 거칠고, 종종 연극적이고, 가끔은 정말 영웅적인 모습에서 시대의 영웅을, 자유를 노래하는 시인을 보았다.

러시아는 푸시킨, 폴란드는 미츠키에비치, 프랑스는 빅토르 위고와 라마르틴, 뮈세의 입을 통해 제 생각을 전달해 왔다. 그리고 이 위대한 젊음의 화신은 영영 돌처럼 굳어 있을 것만 같던 독일 사람들의 마음을 열고, 괴테의 마음까지 애정 어린 것으로 바꾸었다. 영국도 비난받고, 비웃음당하고, 수많은 채찍질로 코너에 몰렸던, 그러나 이제는 관에 누워 돌아온 영웅 앞에 몸을 굽혔다. 교회는 카인을 모독한 자에게 웨스트민스터 사원의 문을 굳게 닫아걸었으나 그가 죽었다는 소식은 마치 국가적인 불행인 양 온 나라로 퍼져 나갔다. 한 명의 시인을 잃었다는 충격으로 전 세계가 상심에 빠진 것은 아니었을지 모르지만, 살아남은 사람 중 가장 위대한 한 인물은 자신의 명작 『파우스트』에 "부러움을 담아 그의 운명을 노래하는"이라는 감동적인 조사를 삽입해 출판하기도 했다.

아아, 지상의 행운으로 태어나

높은 지식과 크나큰 능력을.

아깝게도 일찍이 너 자신을 잃고,

젊음의 꽃을 빼앗겼구나.

세상을 바라보는 예리한 시선,

모든 충동적인 마음에의 공감과,

최고의 여인들로부터의 사랑의 열정

그리고 세상에서 가장 독특한 노래.

그러나 너는 멈추지 않고

의지조차 사라진 함정을 향해 자유롭게 돌진했고,

도덕과도, 법률과도

거칠게 불화하고 말았구나.

허나 최후에 가장 위대한 감각은

순수한 용기에 무게를 실어,

너는 최고로 장엄한 것을 얻고자 하였으나,

성공하지 못했구나.

"누가 성공하는가? 이것은 운명이 변장한 모습을 내보이는 침울한 물음일 뿐"이라는 암담한 연결구와 함께 시를 짓는 것의 영원성 안으로 운명을 규정하는 이 두 연에서 괴테는 바이런의 전기를 검은 대리석에 새겨 넣는다. 이 비석은 『파우스트』의 비극적인 풍경 속에서 뛰어난 시인의 모습뿐 아니라 작품까지도 시간 속에 박제하며 불멸의 생을 누리게 했다.

바이런의 작품은 똑같은 강도를 가진 금속으로 이루어진 것이 아니다. 원래 눈부시던 색채가 벗겨지고, 강렬하게 우뚝 솟았던 그 모습은 시간과 함께 가라앉았다. 우리 세대는, 이 시대는 그의 작품에서 시작되어 온 세상으로 퍼져 나간 뒤 셸리의 고귀함과 키츠의 순수한 창조력을 가차 없이 어두운 것으로 변화시킨 불가사의한 마법을 더 이상 제대로 이해하지 못한다. 바이런은 오늘날 시인이라기보다는 하나의 형상이고, 그의 이 소란스럽고 드라마틱하고 연극적이기까지 한 삶은 그가 쓴 시의 언어보다 더 커다란 경험이다. 그는 한 명의 시인이라기보다는 영웅적인 전설이고 시인의 숭고한 초상이다.

그는 외모부터 무척 매력적이었고, 젊은이들이 늘 꿈꾸는 바로 그런 시인이었다. 고귀한 혈통을 타고나 그에 걸맞은 태도를 지니고 있었고, 젊은이답게 아름다웠으며, 대담하고 당당했고, 모험에 열광했고, 여성들은 그를 숭배했으며, 모든 규칙에는 반항적이었다. 그에게는 시대에 저항하는 선동자가 가진 낭만적인 면이 있었다. 그는 이탈리아와 스위스의 천국과도 같은 풍경 속에서 품위 있는 유배자의 삶을 살았으며 압제받는 민족을 해방시키기 위한 전쟁에서 죽었다.

그에 관한 어둡고 불쾌한 전설도 있다. 영국 사람들과 함께 베니스에 왔을 때 방종한 파티에 관한 정보를 캐내기 위해 곤돌라 사공을 매수했다는 것이다. 별다른 경험이랄 것 없이 외롭게 늙어 가던 괴테와 그릴파르처도 소심하게, 그러나 은밀한 시기심을 담아 바이런의 굉장한 신화에 대해 이야기했다.

그는 화려한 외모를 지녔는데, 말하자면 르네상스적이거나 고전적이었다. 매일 아침 리도 섬에서 거친 숨을 내쉬는 아랍종의 수말을 타고 질주했고, 영국인 최초로 헬레스폰트 해협을 헤엄쳐 건넜다. 리보르노의 해안에서 그는 셸리의 시신이 놓인 장작더미에 불을 붙여(이 광경만 해도 얼마나 이교도적인지!) 허물어져 내리는 잿더미 속에서 덜 탄그의 심장을 꺼내 손에 들었다. 그는 한 이탈리아 백작부인의 정부 노릇을 하며 하인과 시동, 개들과 함께 이 성에서 저 성으로 여행했는데, 단테의 무덤가에서는 시를 읊으며 하룻밤 머물렀다. 알바니아에 간 그는 그곳에서 남성우

월주의자들에게 귀빈으로 환대받았다. 여자들은 그 때문에 목숨을 버렸고 왕국 전체가 계율을 내세우고 끄나풀을 풀어 그를 뒤쫓았다. 그런 상황에서도 그는 꽃다운 미모로 누구보다 당당하고 분방하게 모든 사람을 대했고, 대담한 시로 귀족과 왕을 비롯해 성경과 신에게까지 반항했다.

이렇게 그는 자신의 젊은 시절 이야기로 해럴드와 돈 후안도 따라올 수 없는, 세상에 오직 하나뿐인 영웅시를 지었다. 그리고 감상적인 시인들에게 지쳤거나, 평범한 서민 소녀 하나 때문에 권총을 집어 드는 베르테르와 르네가 지겨워졌거나, 조롱밖에 할 줄 모르는 자와 감상주의자와 루소와 볼테르에게 피곤함을 느꼈거나, 괴테를 비롯해 집 안의 따뜻한 난롯가에서 플란넬 잠옷을 입고 실내용 모자를 쓴 채 글을 쓰는 모든 시인이 지겨워진 젊은이들은 열정적이고 용감하게, 전쟁과 사랑의 팡파르로 둘러싸인 삶을 사는 이 모험의 신에게 열광했다.

바이런이 창조한 세계 안에서 세상은 다시 젊음을 되찾았다. 세상은 항상 소시민적이고 영리하게 살아야 한다는 생각에 지쳐 있었다. 나폴레옹이 세인트헬레나로 쫓겨나 존재감이 미미해진 이후, 유럽에는 더 이상 영웅이 없었다. 바이런의 등장과 함께 젊음의 낭만주의가 다시 한 번 시작되었다. 그는 젊은이들의 가장 은밀한 꿈을 분명하고도 연극적인 방식으로 대신 살아 주었고 그들의 눈앞에서 영웅적이고 열정적인 삶에 가장 적합한 죽음을 맞았다.

이것은 바이런을 시대의 유명인으로 만들었다. 또한 그의 본성, 외모, 영혼의 비극적인 어둠도, 감상적인 염세와 우울로 거의 허풍스럽다고까지 할 수 있는 그의 음침하고 비밀스러운 가면도, 그것을 내세우는 새롭고 독특한 태도도 그의 유명세에 한몫했다. 그보다 앞선 시대의 시인들은 이상적인 선의 수호자였다. 실러는 신앙인들에게 밀턴이나 클롭슈토크가 그랬던 것처럼 자유로운 사도였고, 더 낮고 더 순수한 세상의 공표자였다. 그러나 바이런은 극적인 방식으로 어두운 가면 뒤에 숨어 있었다. 그는 해적과 도적떼, 마법사와 폭도, 사회에서 축출된 자, 추락한 천사로 변신했고, 신에게 반항한 최초의 인간인 카인을 가장 좋아하는 인물로 꼽았다. 그는 늘 고독했고, 연인들 뒤에 서서 그들을 경멸하는 자이기를 자청했다. 이마의 빛은 무모한 폭동의 상상으로 흐려져 있었고, 그의 영혼은 비밀스러운 범죄 계획으로 음울했다. 조국에서 추방된 그가 단테의 시어와 시구를 읊으며 시대를 한탄하면 수천 년은 묵은 듯한 고통이 그의 음성과 함께 진동했다.

후에 보들레르가 문학적으로 훌륭하게 발전시킨 악마주의, 즉 육체의 악함과 위험성을 찬양하고, 죄를 기존의 성령에 대한 반란이라 선언하며, 단독자와 세계가 일으키는 폭동을 자긍심으로 삼는 악마주의는 바로 그에게서 시작되었다. 스스로 의식하지 못한 채 그는 한 세기 후에 니체의 업적 안에서 그 모습을 드러낸 개인주의 혁명을 준비시키고 있었던 것이다. 그리고 영원한 반항자인 젊은이들은 공동의 자유에 관한 흐릿한 이상주의에서는 더 이상 만족할 만한 충동을 느끼지 못하고, 그 충동을 찾아 스스로 비극적인 어둠 속으로 달려들어 갔다. 신이 사랑했으나 천상에서 추방된 이 음울한 천사의 초상은 스스로 만족하는 법이 없었다. 괴테와 셸리가 노래한 프로메테우스의 삶을 바이런은 자신이 직접 살았다. 그리고 이것이 젊은이들을 매혹해 신의 적이었던 그가 반세기 안에 신으로 여겨지게 되었다.

어쩌면 바이런의 이러한 정신은 그 내부를 들여다보면 완전한 진짜배기가 아닐 수도 있었다. 그것은 사실 엄청난 자존심, 그 어떤 목표도 기준도 없고, 아무것도 아닌 것에서 시작되었으며, 어떤 승리로도 만족시킬 수 없는, 그가 거둔 유명세로도 결코 충족될 수 없고 (그리스에서 제안받은) 왕관으로도 채울 수 없는 자존심이었다. 아주 사소한 모욕이 이 위대한 시인을 육체적으로 불행하게 만들기도 했다. 전해 오는 말로는 누군가가 그의 허영심에 조금만 상처 주는 말을 해도 의미 없는 분노로 얼굴이 창백해져 부들부들 떨기 시작했다고 한다. 비판의 대상(다른 누구보다도 그는 사우디◆를 조롱의 십자가에 못 박았다), 이혼한 전 아내, 정적들을 향해 던진 잔인하고 악의적이고 거의 병적인 수준에 도달한 조롱은 그의 불같은 성정을 잘 보여 주었다. 하지만 동시에 자신의 존재를 증명하고자 한 이런 과장된 의지가 늘 엄청난 긴장 상태를 유지하는 데 모든 힘을 쏟게 해 그를 더 위대한 인물로 만든 것 또한 사실이다.

자존심은 신체적인 것에도 해당되었다. 아니 (이를 정신분석학적으로 살펴보는 것은 매우 흥미로운 일일 것이다) 사실 이 모든 것의 시작은 신체였을지 모른다. 그는 오직 의지 하나로 타고난 열등감을 힘으로 전환시켰다. 그는 손이 매우 아름다웠는데, 그래서 손을 남에게 보여 주는 걸 좋아했다. 또 강제적으로 유지해 온 (몸매 유지를 위해 그는 수년 동안 음식을 거의 먹지 않았다) 호리호리한 몸매도 있었다. 하지만 그는 한쪽 다리를 절었고, 그의 동료들과 히스테릭한 성향의 어머니까지도 그것을 웃음거리로 삼았

◆ 로버트 사우디(1774-1843). 영국의 시인이다.   **155**

다. 따라서 자존심 강한 그는 모든 열정을 체육 활동에 쏟아부어 최고의 기수이자 화려한 검술 실력을 가진 사람이 되었다. 또한 안짱다리로 헤엄을 쳐 헬레스폰트 해협을 건너기도 했다. 그는 이 모든 일을 의지로 이루어 냈다. 유년 시절에 그가 사랑했던 메리 초워스는 자신에게 관심을 보이던 '절름발이 소년'을 경멸했다. 그러나 그는 유부녀가 된 그 여인을 10년 후 애인으로 삼을 때까지 구애를 멈추지 않았다. 자신이 할 수 없는 일은 없다는 사실을 증명하는 일은 그를 늘 흥분시켰다. 그는 딱 한 번 국회에 연설자로 나선 적이 있다. 그때 그는 성공적으로 연설을 끝마친 후 다시는 그곳에 발을 들여놓지 않겠다고 사전에 마음먹고 있었다. 그렇게 그는 오직 자존심만으로 삶에서 정치와 전쟁을 몰아내고 시의 세계로 들어왔다.

나는 바이런이 결코 타고난 시인이 아니며, 그의 시작 詩作은 삶의 외적인 요인에 의해 강요된 것이라는 입장을 감히 대변하고자 한다. 말년에 그는 문학을 혐오해서 빚에 시달렸음에도 글을 써서 1실링이라도 버는 것을 거만한 태도로 거부했다. 그는 신사인 셸리와 갖는 사적인 교제만을 존중했으며, 괴테가 열정적이고 거의 헌신적이기까지 한 자세로 내민 손은 싸늘한 태도로 겨우 잡았다. 대학에 다닐

때 그는 자신이 쓴 형편없는 시들을 묶어 얇은 책으로 펴냈고, 그 책에 경멸조로 '게으른 나날'이라는 제목을 붙였다. 당시 그는 귀족계급의 지루함에 넌덜머리가 나 정신 단련을 위해 권총 사격을 하듯, 말이 지쳐 쓰러질 때까지 승마를 하듯 시를 썼다.

그런데 『에든버러 리뷰』에서 그 시를 비웃는 평을 냈을 때 그의 오기가 발동했다. 그는 일단 독한 농담이 가득한 풍자글 「잉글랜드 시인과 스코틀랜드 평론가들」로 답했다. 그 후에는 그 저급한 지식인들에게 바로 그, 바이런 경이 진짜 시인이 될 수 있음을 증명해 보이는 것만이 그의 유일한 관심사였다. 그는 즉시 예의 그 멈출 줄 모르는 노력으로 대변되는 의지력을 발휘했다.

1년이 흘렀고, 그는 유명해졌다. 이제는 당대와 지나간 시대의 가장 영향력 있는 작품들과 겨루는 것이 그의 구미를 자극했다. 「맨프레드」로 괴테의 『파우스트』를, 새로운 희곡으로 셰익스피어를, 새 서사시 「돈 후안」으로 단테의 『신곡』을 뛰어넘으려 했다. 그리고 그때부터 엄청난 속도로 질주하는 광기가, 광견병과 같은 시 창작에 대한 의지가 시작되었다. 그렇게 그는 불꽃을 점화해 그의 전 생애를, 웅대한 열정을 시 창작에 대한 의지를 활활 태우는 데 던져 넣었다. 전 유럽에 그 불꽃을 드리운 이 문학적 자기 연소는 한 인간의 자존심에서 비롯된 것이었다. 그리고 이것은 보랏빛 그림자가 되었다.

그러나 그뿐이었다. 왜냐하면 우리의 깊은 감정은 바이런의 시에 의해 조금도 뜨거워지지 못했기 때문이다. 그의 열정은 우리에게 대체로 그림 속에 존재하는 불꽃 같았고 그의 생각과 격정적인 고통은 차라리 번개처럼 금방 사라지는 한 편의 연극이거나 알록달록한 색채로 눈을 호리는 올가미 같은 것이었다. 자기 본위의 고통은 무엇이 됐든 시대를 초월하는 힘을 가지고 있지 않다. 단테가 연옥의 고통 안에서 마주한 것 같은 모든 "스스로 자청한 슬픔"은 사람을 금방 지치게 한다. 반면 진정한 세계, "세계의 연약함"으로 인한 감정의 진동이나 횔덜린의 것 같은 공감 가능한 비극, 키츠의 마법 같은 감동은 멜로디로 남아 여러 시대에 걸쳐 불멸한다.

하이네가 계승한 바이런적인 제스처, 뽐내는 듯하고 프로메테우스적인 시인의 태도를 보자. "아아 내 자신 불행한 거인아, 나는 대체 얼마만큼의 고통을 짊어져야 하는 것이냐" 같은 구절은 오늘날 우리에게 다소 지나치거나 멋없게 느껴지고 심지어 역겹게 들리기까지 한다. 이런 비장

한 장광설과 느닷없이 교차하는 날카로운 유머는 대부분 공허하고 평면적이다. 자신의 영리함을 익살로 드러내고자 하는 의도를 가지는 것은 시인에게 매우 위험할 수 있다. 풍자란 시간의 생생한 속살을 드러내는 것인데, 이것의 날카로움은 빠르게 무뎌져서 바로 다음 세대에는 벌써 별 의미 없는 것이 되고 만다. 「돈 후안」에서 캐슬레이나 사우디 그리고 그때그때 사적인 적들에게 퍼부어 당시 그들에 대한 냉소적인 인식에 불을 붙이고 폭발적인 반향을 불러온 수백 개의 구절은 오늘날 그저 물에 젖어 못 쓰게 된 가루, 빈 바닥짐일 뿐이다.

그리하여 한때 위대했던 서사시에서 남은 것이라고는 열대의 화려한 풍경과 들라크루아가 『돈 후안의 난파』에서 그린 것 같은 개별 장면들뿐이다. 시용의 탑이나 워털루 전장에 가면 그 작품의 구체적인 구절이 몇몇 떠오르기는 할 것이다. 그러나 바이런의 세계에서는 의상만 남아 마리오네트가 돼 버린 인물들 주변에 느슨하게 걸쳐져 있을 뿐이다. 존재하는 것조차 의미 없다고 생각되는 이야기라도 결국에는 엄격할 정도로 공정하다. 그것은 진짜인 것에서 지어낸 것을 가려내고, 부풀려진 감정을 무자비하게 시들게 하고, 삶에서 정말로 살아 있는 것만을 지켜 낸다. 그리하여 바이런의 감정은 그 본연의 자만심에 머물러 있었다.

마지막 순간에 맨프레드가 다시 정신을 차려 자유롭고 위대하고 대담한 몰락을 맞이하기 위해 신부가 몰아낸 사악한 악령을 직접 쫓아냈을 때, 카인이 신에게 꿋꿋이 맞설 때, 이런 장면들에서 바이런의 악마적 반항심은 불멸성을 얻었다. 또한 그의 영혼 깊은 곳에서 우러난 떨림으로 지어진 시 몇 편도 그런 역할을 했다(「잉글랜드에서의 작별」과 「아우구스타에게 바치는 스탠자」를 포함해 자유로운 죽음을 갈망하는 후기의 훌륭한 작품들처럼). 단지 몇 편의 작품만이 이 성스럽고 동시에 이교도적으로 교만한 자의 사라지지 않는 업적으로 남아, 그토록 높이 상승했다가 완전히 추락해 버리고 만 문학적 업적을 넘어서 시간 속에 걸출하게 솟아 있다.

바이런은 우리의 기억 안에 재능보다는 인물로, 시인으로서보다는 영웅적인 본성으로, 세상의 영원한 주인인 거대한 조물주의 것처럼 순수하고 드라마틱한 삶을 노래한 화려한 색채의 시로 남았다. 그의 출현은 우리의 감각에 시라기보다는 연극으로 남았지만 이 연극은 다채롭고 장대했으며 모든 세기의 그 무엇보다도 잊을 수 없는 것이었다.

종종 창조적인 본성은 온 세상이 충격을 받으며 그들

의 모든 가능성을 알아채도록, 뇌우가 한꺼번에 몰아치는 날씨처럼 짧지만 강렬한 영웅의 무대를 위해 한 명의 인간 안에 다양한 능력을 극적으로 모아 두기도 한다. 그러한 한 인간의 연극이 바로 바이런의 인생이었다. 그 삶은 외부적으로 일어난 일들일 뿐이었던 것을 영화롭게 상승시켰다. 그것은 지상에 존재하는 감정들의 빛나는 펼쳐짐이었고, 거대한 생각에 눈멀고 정체된 멜로디로 소란스러웠던, 존재 자체는 지속적이지 않았으나 출현만은 잊히지 않는 자의 삶이었다. 그래서 우리는 그를, 그 시인의 삶을 오늘날 한 편의 연극처럼 여기고 그의 몰락을 인류의 영원한 영웅시의 탁월한 한 구절로 여기게 되었다.

조지 고든 바이런 (1788-1824)

영국의 낭만파 시인 바이런은 1788년에 영국 런던에서 태어났다. 미남자였던 그는 반항적 기질을 가진 천재 시인, 잘생긴 젊은 독신 귀족이라는 후광을 등에 업고 런던 사교계의 총아로 등장했다. 그는 선천적으로 한쪽 다리를 절었는데, 자존심이 매우 강해 수영, 승마, 검술 같은 육체적 활동에 열정을 쏟아붓기도 했다.

대학 때 그는 자신이 쓴 시들을 묶어 『게으른 나날』이라는 얇은 책을 펴냈다. 그런데 『에든버러 리뷰』에서 그 시를 비웃는 평을 내자 다시 오기가 발동한 바이런은 독한 농담이 가득한 풍자글 「잉글랜드 시인과 스코틀랜드 평론가들」을 내고, 자신이 진짜 시인임을 증명하기 위해 시를 써 댔다.

이후로도 여성들과 수많은 염문을 뿌리고 다니던 바이런은 그리스 위원회로부터 터키에 대항해 독립 전쟁을 벌이고 있는 그리스를 도와달라는 요청을 받고 1824년 그리스 독립군 최고사령관으로서 터키와의 전쟁에 참여한다. 그러나 그는 전투를 기다리던 중 불운하게도 열병에 걸렸고, 그 열병이 악화되어 같은 해 36세의 젊은 나이로 사망했다.

단상 위의 독재자,
구스타프 말러

GUSTAV
MAHLER

✝

　그가 돌아왔다. 한때 고향에서 내쳐진 사람이었던 그가, 몇 년 전 쫓기듯 떠났던 도시로 명예롭게 돌아왔다. 예전에 그의 강압적인 의지를 악마적으로 드러내 보였던 바로 그 콘서트홀에서, 그의 작품이 이제 소멸해 버린 그의 본성을 정신화한 형태로 울려 퍼진다. 욕설도 분노도 그것을 막을 수는 없다. 작품의 가치는 불가항력적으로 성장하고 있고, 더 이상 싸울 대상이 없기에 그 순수함이 강조되며, 우리의 내면을 채우고 확장시킨다. 이제 그의 명성이 바닥부터 다시 꽃피는 것을 막을 전쟁도 이렇다 할 사건도 없다. 얼마 전까지 이곳 사람들이 그에게 가졌던 잔인성과 불쾌감의 동기였던 것 또한 하룻밤 사이에 그것으로부터 자유로워져 오히려 위로하게 하는 동기가 되었다.

작별의 노래인 『대지의 노래』를 통해 고통과 사라진 것, (그의 『죽은 아이를 그리는 노래』는 다른 어느 작품보다 그를 널리 알리는 데 큰 몫을 했다) 애도하는 마음이 감정의 깊은 곳에서 스스로를 얼마나 미화할 수 있는지 배우고자 하지 않는 사람이 어디 있겠는가? 그는 이 도시에서 지낼 때만큼 생기 있고 활기찬 적이 없었다. 구스타프 말러에게 이 도시는 영원한 고향이었기 때문이다. 그를 사랑했던 사람들은 그가 돌아오기를 기다렸지만 막상 그가 돌아온 지금 우리는 하나도 기쁘지 않다. 왜냐하면 우리가 갈망한 것은 이런 게 아니었기 때문이다. 우리의 소망은 가능하다면 그의 작품과 새로운 창조물을 생동감 있는 모습으로 체험하는 것이었다. 그리고 지금 그가 영원한 휴식을 취하게 되자 우리는 돌아오지 않을 그를 다시 간절하게 기다린다.

우리 세대의 모두에게 그는 한 사람의 음악가, 명인, 지휘자이다. 그러나 동시에 그는 한 사람의 예술가 이상이고 유년기의 잊을 수 없는 기억이다. 젊다는 것은 예상치 못한 일을 늘 각오하고 있다는 것이고, 무엇이든 환상적으로 미화한다는 것이며, 좁은 시야 너머로 상승하고자 하는 방향성이고, 이전부터 가지고 있던 비전이 충족되는 하나의 사건이다. 그리고 감탄, 매혹, 겸허, 이 모든 열정과 충일의 활기찬 에너지가 미완의 인간 안에서 집약되어, 그러한 인식과 믿음을 가장 깊은 곳까지 활활 불사르기 위해 (예술에 있어서나 사랑에 있어서나) 뜨겁고 혼란스러운 형태로 나타난다. 예술에서든 사랑에서든 그러한 충만을 다 소진하지 않은 채 일찍 진정 의미 있는 체험을 한다는 것, 완전하고 휘몰아치는 감정으로 자유로이 그것을 대할 수 있다는 것은 크나큰 축복이다.

우리에게도 이런 경험이 있다. 지난 10년 동안 젊은 나이로 말러의 오페라를 접했던 사람은 삶에서 말로는 표현할 수 없는 무언가를 얻었을 것이다. 조급한 마음의 섬세한 예감으로 처음부터 우리는 그에게 내재돼 있는 귀중한 기적을 감지했다. 그는 악마적인 사람이고, 세상에서 가장 드문 종류의 희한한 인간이며, 그의 본성에는 창조적인 면을 넘어 더욱 비밀스러운 무언가가 있을지도 모를 일이다. 왜냐하면 그의 능력은 완전히 타고난 것이었고, 살아 움직이는 듯 생기를 지닌 요소였기 때문이다.

그에게 인상을 결정지을 만한 외적인 특징은 전혀 없었다. 그의 능력은 묘사 불가능한 것, 오로지 자연의 마술적인 임의성과 비견될 만한 것이었다. 자석과 비슷하다고도 할 수 있겠다. 1,000개의 쇳덩어리가 있다고 하자. 그것은 아래로 낙하하는 법밖에 모른다. 각각의 쇳덩어리가 가진 고유의 중력은 다른 쇳덩어리들에는 낯선 것이고 아무런 효력이 없다. 그리고 저기 단 하나의 쇳덩어리가 있다. 다른 쇳덩어리보다 더 반들거리지도 않고 화려하지도 않지만 그것의 내부에는 어떤 위력(별에서 온 것인지 땅속 깊은 곳에서 받은 것인지 모를)이 있다. 이 힘은 주변의 물체를 자기 쪽으로 거칠게 잡아당겨 자신의 형태에 연결하고, 그 물체를 그것 고유의 중력에서 해방시킨다. 자석은 자기 쪽으로 끌어당기는 물체를 활성화하고, 제 힘으로 그것을 계속 붙든 채 자신의 비밀을 그것에 전달한다. 곁에 있는 것을 자신 쪽으로 스며들게 하기 위해 빨아들이고, 자신이 원래 가진 힘을 약화시키지 않으면서 자신을 나누어 준다. 그것이 이룩하는 성과란 그 존재와 행위 자체이다. 의지의 화신만이 이 위력(별에서 왔거나 땅속 깊은 곳에서 받은)을 지녔다.

1,000명의 사람이 그의 주위에 있다. 1,000명, 또 다른 1,000명 모두는 각기 다른 삶의 중력을 지닌 채 생기라곤 없는 상태로 낙하하고 있다. 하지만 그가 그들을 자기 주위로 끌어당긴다. 미처 눈치채지 못한 사이에 그들을 그의 의지와 리듬으로 채우고 고양시킨다. 일종의 최면으로 그는

모두를 자신의 곁으로 끌어들이고, 신경에 줄을 묶듯 팽팽히 당겨 아플 정도로 사납게 자기의 리듬 속으로 낚아챈다. 그는 그들을 노예로 삼아 자신과 같은 의지를 가지라 강요하고, 결국 의지를 갖게 된 자들에게 자신의 비밀을 내어준다.

말러에게는 이런 악마적인 의지가 있었다. 한편으로는 항복을 강요하고 방어벽을 무너뜨리려는 의도를 가졌다고도 볼 수 있지만, 그는 사실 그 자체로 활기차고 충만한 하나의 힘이었다. 그의 주위에 활활 타오르는 영역이 형성되어 있어서 주변 사람 모두를 뜨겁게 달구어 선명함으로 이끌었다. 이것을 끊어 낸다는 것은 불가능한 일이었다. 그럼에도 어떤 음악가들은 가끔 시도해 봤다고 한다. 그러나 그 힘이 너무 뜨거워서 어떤 형태의 저항이든 모두 녹아 없어져 버리고 말았다. 그는 이 특유의 에너지로 뒤죽박죽 뒤섞여 엉망인 가수, 엑스트라, 감독, 연주자 들을 두세 시간 안에 자신의 방식에 적응하도록 만들었다. 그들 안에서 의지를 끄집어내어 망치로 두드리고 무두질하고 윤을 내고는 불타오르는 자신의 리듬 안으로 밀어 넣었다. 일상에서, 예술을 마구 찍어내는 공장에서 오직 단 한 번뿐인 것을 건져 내 구원할 때까지, 그 자신이 작품 안에서 실현되고 작품이 그의 안에서 실현될 때까지.

그가 필요로 하는 것은 마법처럼 외부에서 그를 찾아온다. 그가 자신에게 필요한 것을 찾은 것처럼 보이지만, 실은 그것이 그에게로 온 것이다. 바그너와 모차르트를 지휘하려면 풍부한 성량과 열정을 가진 여성 가수가 필요하다. 밀덴부르크◆나 구트하일◆◆ 등은 그에게 불려 와 (아니 사실은 그 안의 악마가 무의식중에 그들을 부르길 원했던 것이다) 우리 앞에 부활했다. 말러를 무대에 올릴 때는 한껏 고양시키는 음악 뒤로 역시나 감정을 최대한 고조시키는 무대미술이 받쳐 주어야 한다. 그는 알프레트 롤러를 발굴했다. 그가 작품을 위해 필요로 한 것들은 마치 마법처럼 한순간에 짠 하고 거기에 나타났다. 그런 사람들의 수가 늘어날수록 그들은 그를 더욱 열정적으로 따랐다. 모든 것이 그를 중심으로 정리되어 그의 의지대로 미끄러지듯 움직였다. 그러한 저녁에는 작품, 한 무리의 군중, 콘서트홀 전체가 오직 그만을 위한 것인 듯 그의 주위에 세워졌다.

그가 지휘봉을 흔들면 우리의 피가 빠르게 돌았다. 그는 전체적으로 긴장감이 도는 분위기와 휘몰아치는 우리의 감정을 피뢰침처럼 하나의 뾰족한 점으로 모아 연결시켰다. 나는 다른 공연을 관람하면서는 그런 조화로움을 느

◆ 아나 폰 밀덴부르크(1872 - 1947). 오스트리아의 성악가. 소프라노로 바그너 전문 오페라 가수이다.

◆◆ 마리 구트하일-쇼더(1874 - 1935). 독일의 성악가, 오페라 가수.

낀 적이 없다. 그것의 순수함은 오직 하늘이나 구름처럼 계절의 숨결이 깃든 자연과 비견될 만했다. 불순한 의도 없는 조화로움이자 자기 안에 어떠한 편견도 없이 공정한 짜임새로 존재하는 자연 말이다.

예전에 우리 세대가 젊었을 때, 우리는 그에게 완전한 것을 사랑하는 법을 배웠다. 그 덕분에 우리는 한 시간 혹은 두 시간 동안이나마 연약한 지상의 물질로 이루어진 이 파편적인 세계에 고양된 의지와 악마적인 에너지로 흠 없는 것을 쌓아 올리는 것이 아직 가능하다는 것을 인식하고 그것을 반복해서 기대하게 되었다. 당시에 그는 우리의 교육자였고 조력자였다. 그 시기에 다른 어떤 인물도 우리에게 그만큼 영향을 끼치지 못했다.

그의 내면에 존재하는 악마성은 매우 강력해서 뻗쳐오르는 화염처럼 그의 외면을 감싼 얇은 막을 뚫고 그 모습을 드러냈다. 육체성이라는 연약한 외피 안에만 머물러 있기에 그것은 너무나 격정적이었다. 사람들은 그를 한 번 보고도 기억했다. 그의 곁에 있는 모든 것은 긴장감으로 팽팽했고 늘 과잉 상태였으며 열정은 거의 범죄적인 수준이었다. 그의 주변으로 마치 축전기의 불꽃 같은 무언가가 너울거렸다. 광포함은 그의 가장 근원적인 본성이었고, 그의 엄청난 에너지에 유일하게 걸맞은 속성이었다. 쉬는 중에도 그는 신경과민인 것처럼 보였다. 크게 움직이지 않아도 전기가 통하는 것처럼 순간 통증을 느끼거나 경련을 일으키곤 했다. 게으름을 피우며 할 일 없이 어슬렁거리거나 부드러운 그의 모습은 짐작조차 할 수 없었다. 내면에서 과도하게 끓고 있는 주전자는 늘 무언가를 떠밀어 전진시키기 위해, 무슨 일이든 하고 있는 상태에 머물기 위해 에너지를 갈망했다. 그는 폭풍우에 휩쓸린 것처럼 항상 어딘가의 목적지를 향해 움직이는 중이었다. 자신 외의 다른 모든 것이 너무 느리게 느껴졌다. 그는 어쩌면 연약하고 느리고 굼뜬 데다가 중력과 저항이 있는 덩어리로 느껴진 실제의 삶을 증오했을지도 모른다.

그는 사물 뒤편에 존재하는 실제의 삶으로, 이 세계가 천상에서만 손에 쥘 수 있다고 믿는 만년설로 뒤덮인 예술의 최고봉으로 향하고 싶어 했다. 그는 예술이 모든 중간적 형태를 넘어 순수하고 선명한 것이 되기를, 그 흠결 없음으로 인해 깨끗하고 투명하며 고의성 없고 자유로운 요소가 되기를 원했다. 그가 책임자로 있는 동안 인간적인 사소함의 무성한 덤불을 지나 이런 길을 가는 것이 가능했던 것은 매일 반복되는 연습 그리고 예술을 돈벌이로 여기는 시선에 대한 혐오감과 그 안의 악의를 최대한 억제한 덕분이었다. 상처받을 때도 있었지만 그는 목표를 향해 광란의 살인자처럼 계속 걷고, 달리고, 급하게 전진했다. 그 목표란 겉으로는 근접할 수 없는 것처럼 보이지만 실은 그에게 이미 내재되어 있던 것, 바로 완성을 이루는 것이었다.

　　그는 일생 동안 목표에 방해되는 것은 모두 옆으로 치우고, 내팽개치고, 짓밟아 버린 채 앞으로만 달렸다. 그는 완성에 다다르지 못할지도 모른다는 두려움에 쫓기는 사람처럼 달리고 또 달렸다. 그의 뒤로는 늘 모욕당한 프리마돈나의 신경질적인 비명과 나태한 자의 신음, 성과를 얻지 못한 자의 조롱과 한 무리의 범상한 사람들이 따라다녔다. 그러나 그는 결코 뒤돌아보지 않았다. 그는 자신을 추격하는 사람들이 얼마나 늘어났는지 신경 쓰지 않았고, 그들이 그가 가는 길에 퍼붓는 비난도 알아채지 못했다. 그는 결국 발을 헛디뎌 넘어질 때까지 내달리고 또 내달렸다. 보통 그에 대해 이야기할 때 결국 사람들의 저항이 그를 멈추게 했다고 말한다. 그 저항이 그의 삶을 해한 것일 수도 있다. 그러나 나는 그렇게 생각하지 않는다. 이 사람은 자신에게 반대하는 사람들을 필요로 하고, 사랑하고, 원했다. 그에게 저항이라는 것은 영원히 솟는 샘물을 더욱 갈망하게 만드는 일상의 쓴 소금이었다.

휴가 중에 토블라흐나 젬머링◆에서 이 모든 부담을 혼자 짊어지고 있을 때면 그는 스스로 자신의 창작물에 대한 비판을 탑처럼 쌓아 올리곤 했다. 나무 그루터기, 산, 정신의 원형. 그는 인류의 유산 중 가장 고귀한 것, 『파우스트』 제2부에 나오는 창조의 영을 찬양하는 노래 「오소서, 창조의 영이시여!」를 자신의 음악적 의지로 향하는 부두로, 창작의 밑거름으로 삼았다. 우리가 속한 이 세계와의 투쟁은 그가 날 때부터 간직해 온 욕망이었고, 그는 생의 마지막 날까지 그 욕망에 귀 기울였다. 그의 본성은 온갖 요소들이 자유롭게 지상의 세계와 분투하는 것을 사랑했고, 휴식을 원하기는커녕 계속, 계속, 계속해서 그를 예술가의 유일한 휴식인 완성으로 향하도록 재촉했다. 그리고 죽음이 코앞에 닥쳐왔을 때 그는 『대지의 노래』에서 마지막 남은 힘을 다해 그 완성에 다다랐다.

예술을 향한 의지가 내면에서 부글부글 끓어오르던 젊은 시절에, 열광하는 대중에 둘러싸인 그의 열정적인 무대를 보았을 때 우리가 어떤 느낌을 받았는지는 말로 형언키 어렵다. 우리는 그가 가는 길을 따르고자 열망했으며, 그에게 더 가까이 가고자 하는 소망이 두려움을 물리쳤다. 그럼

◆토블라흐는 이탈리아령인 남티롤 지방의 도시, 젬머링은 오스트리아 남부에 위치한 도시이다. 모두 휴양지로 이름난 곳들이다.

에도 어째서 활활 타오르는 불을 들여다보기 위해 화구가로 걸어가는 위험을 무릅쓰진 않았는지 불가사의하다. 우리는 그를 향해 몰려가려 하지 않았다. 그의 존재, 그의 현존, 그의 의식이 우리 곁에, 공동의 외부 세계의 중심에 서있다는 것만으로도 우리에게는 큰 행운이었다. 거리에서, 카페에서, 극장에서 그러나 한결같이 멀리서 그를 보았다는 것은 그 자체로 하나의 사건이었다. 우리는 그를 매우 사랑하고 존경했다.

오늘까지도 내 안에는 그의 모습이 살아 깨어 있다. 드문 경우였지만 멀리서 그를 마주쳤던 기억이 하나하나 다 생생하다. 그는 같은 사람이었으나 항상 달라 보였다. 격렬하게 변화하는 영혼의 표정에서 늘 새로운 활기를 얻었기 때문이었을 것이다. 한번은 한 공연의 리허설에서 그를 보았다. 아무리 해도 사라지지 않는 부족함에 분노하고, 발작하고, 소리치고, 도발당하며, 거의 육체적인 통증을 느끼듯 고통받는 모습이었다. 그가 어딘가의 골목에서 쾌활하게 이야기 나누는 모습을 본 적도 있다. 그때도 그에게는 기본적으로 그릴파르처가 베토벤에 대해 쓴 것과 비슷한 어린아이 같은 쾌활함이 있었다(이런 면은 우둘투둘하게 거친면이 있는 그의 교향곡에서도 군데군데 드러난다). 그는 어딘지 모르게 항상 내면의 어떤 힘에 의해 지배되고 있는 듯했고, 전체적으로 활기찼다.

그러나 가장 잊을 수 없는 만남은 내가 그를 마지막으로 보았던 때일 것이다. 그때까지 나는 영웅적이라는 단어가 가진 여러 의미를 한 인물에게서 한꺼번에 느껴 본 적이 없었다. 나는 배를 타고 아메리카 대륙에서 돌아오는 길이었고, 같은 배에 그가 타고 있었다. 그는 위중한 병으로 죽어 가고 있었다. 공기에서 이른 봄의 기운이 느껴졌고, 항해는 잔잔한 파도가 이는 푸른 바다를 가로질러 부드럽게 계속되었다. 안면이 있던 사람 몇몇을 배에서 마주쳤다. 부소니♦는 친구들에게 자신의 음악을 들려주었다. 그 음악은 우리에게 기쁨을 주었지만, 배 아래쪽 어느 곳에는 아내가 곁을 지키는 가운데 삶이 저물고 있는 말러가 있었고 우리는 이것을 가벼움뿐인 나날의 그림자처럼 느꼈다. 가끔씩 웃는 도중에 누군가가 말했다. "말러, 불쌍한 말러!" 그러면 우리는 동시에 할 말을 잃었다. 배 아래쪽 깊은 곳에 패배자인 그가 열에 들떠 누워 있었다. 그리고 아직 작고 연약한 생의 불꽃 하나가 위층의 야외 갑판에서 뛰놀고 있었다. 그의 아이, 걱정 없이 놀고 있는 그 아이는 행복하고 무지했다. 그러나 우리는 알고 있었다. 저 아래, 우리가 앉아 있

♦ 페루초 부소니(1866–1924). 이탈리아 투스카니 출신의 작곡가, 피아니스트, 지휘자이다. 『투란도트』, 『닥터 파우스트』 등의 오페라를 작곡했다.

는 곳 아래에 몸을 누인 그가 이미 무덤 속에 들어가 있는 것처럼 생각되었다.

셰르부르에 도착해 배에서 내릴 때, 그를 실은 예인선이 우리를 지나쳐 가는 순간, 결국 그를 보았다. 그는 죽어 가는 이의 창백한 얼굴을 하고 미동 없이 눈꺼풀을 굳게 닫은 채 거기 누워 있었다. 회색 머리칼이 바람에 흩날리자 곡선이 두드러진 이마가 선명하고 대담하게 드러났다. 그 아래로 의지가 서린 완고한 턱이 이어졌다. 여윈 손은 피로하게 접혀 이불 위에 걸쳐 있었다. 불같은 성정을 지닌 그의 약한 모습을 본 것은 그때가 처음이었다. 끝도 없는 잿빛 하늘과 바다를 배경으로 눈에 어리던 그의 실루엣(잊히지 않는! 절대로 잊히지 않는!)을 보고 나는 물론 한없는 애통함을 느꼈지만, 그 광경에는 위대함이 조명하는 어떤 것, 숭고하게 울려 퍼지는 음악과 같은 무엇이 있었다.

나는 그것이 그를 보는 마지막 순간임을 알았다. 감동이 그에게 가까이 가고 싶게 했지만, 수줍음이 그러지 못하도록 나를 붙들어 두었기에 그냥 멀리서 그를 바라보기만 했다. 그 순간 나는 내가 다가가면 그가 나를 반갑게 맞아 주고 나는 그에게 감사를 전할 수 있을 것만 같다는 상상을 했다. 내 안에서 장중한 음악이 파도처럼 일었다. 치명상을 입고 카레올에 있는 아버지의 성으로 돌아오던 트리스탄을 생각했다. 하지만 내 머릿속에 떠오른 음악은 그것이 아니었다. 그보다 깊고 아름다웠으며 밝게 빛났다. 나는 그 선율을 결국 그의 작품 안에서 찾아냈는데, 『대지의 노래』의 멜로디에는 죽음에 도취되어 신의 곁으로 가기를 소망하는 가사가 이미 오래전에 붙여졌으나 그 순간에 다다라서야 비로소 그 의미가 완전해졌다. "나 더 이상 먼 곳을 떠돌지 않으려네. 내 마음 고요히 그의 때를 고대하네." 영혼과도 같은 이 울림과 광경, 이제 영영 잃었을지언정 결코 잊히지 않는 이것이 내게는 일종의 원체험으로 남아 있다.

그가 떠났다고 해서 우리가 그를 상실한 것은 아니다. 이미 그는 피상적으로 머무는 것이 아니라 우리 안에 깊이 뿌리내려 계속 자라나고 있다. 한 번이라도 마음을 울린 체험은 더 이상 어제의 일이 될 수 없기 때문이다. 우리에게 그는 여전히 그 어느 때보다 더 생생하게 살아 있고, 나는 오늘도 내 안에서 지울 수 없는 그의 존재감을 느낀다. 독일의 어느 도시에서 한 지휘자가 지휘봉을 들어 올린다. 그의 움직임에서, 그의 기교에서 나는 말러를 느낀다. 묻지 않아도 그가 말러의 제자임을, 말러가 지닌 리듬의 자성이 현존의 한계를 넘어 창조력을 발휘함을 알 수 있다(마치 내가 종종 연극을 보러 가서 침묵하는 가슴에서 나오는 듯한 카인츠♦의 목소리를 선명하게 듣는 것처럼). 어떤 연주자의 음악에서는 말러적 특징이 발산되기도 하는데, 신진 음악가의 경우 대부분 스스로가 원해서 그 특징을 반영한 것이다.

그러나 가장 강력한 것은 오페라라는 장르 자체 내에서의 그의 존재감이다. 정적이 흐를 때나 소리가 울릴 때나, 극장에서 연주가 있을 때나 없을 때나, 그의 존재는 어떤 퇴마 의식으로도 물리칠 수 없는 신비한 기운처럼 모든 오페라 무대에 스며든다. 무대배경은 색이 바랬고, 오케스트라도 더 이상 그가 지휘하지 않으나 그럼에도 어떤 공연에서는(무엇보다 『피델리오』가 그렇고, 『이피게니』와 『피가로의 결혼』도 마찬가지다) 그레고르♦♦ 이후 이 귀중한 음악의 유산 위에 쌓인 무관심의 더께를 뚫고, 쇠락한 것 위에 쳐진 거미줄을 뚫고 존재감을 드러내는, 말러의 모습을 닮은 어떤 맹렬함으로 관객의 시선을 지휘대 쪽으로 휘어잡는 바인가르트너♦♦♦의 변덕스러운 덧칠을 느낀다. 마지막 불꽃이 그 재로 반짝이는 것처럼 그는 이 건물 어딘가의 녹슨 파편들 사이에서 아직 존재의 빛을 발하고 있다. 그가

♦ 요제프 카인츠(1858 – 1910). 오스트리아의 대배우.

♦♦ 요제프 그레고르(1888 – 1960). 오스트리아의 연극학자이자 소설가. 리하르트 슈트라우스의 오페라 대본을 썼다.

♦♦♦ 펠릭스 바인가르트너(1863 – 1942). 오스트리아의 지휘자이자 작곡가, 피아니스트, 소설가. 정확하고 우아한 지휘 스타일로 후대 음악가들에게 영향을 미쳤다.

잠시 지나가는 순간 음에 숨을 불어넣고 영혼을 뒤흔들던 바로 이 장소에도, 어두운 곳 어딘가에서 이제 생명이 다해 스스로 어두워지는 그의 흔적이 남아 있는데, 우리는 아름다운 것 안에서, 완전한 것 안에서 늘 그를 느낀다. 감정을 직접적으로 표현하지 않는 그의 오페라를 우리가 더 많이 접할 수 있다면, 이 공간에서 느끼는 감정이 기억하는 행위와 혼재되어 나타나면서, 예전과 비교함으로써 지금의 즐거움이 감소될 것임을 잘 알고 있다. 그는 다른 위대한 열정처럼 우리를 공정해질 수 없게 만들었다.

이런 식으로 말러라는 악마는 우리 세대 전체에 영향을 미쳤다. 이제 막 그에 대해 알게 되어 그의 삶은 잘 모르고, 단지 음악으로 승화된 비밀스러운 열정만을 사랑하는 사람들은 그의 존재를 온전히 알지 못한다. 그들은 말러의 음악에 대해 그것이 비현실적인 것에서 울려 나오는 것이며, 독일 예술의 최정상에서 조음된 것이라 생각한다. 우리는 그가 일시적인 세계에서 영원성을 취하는 고귀한 본보기를 제시해 주기를 기대하고 있다. 우리가 그 성배를 둘러싸고 타오르는 색깔들까지 알고 있을 때 그들은 그의 존재의 향기만을, 오로지 그 정수만을 알고 있을 뿐이다.

리하르트 슈페히트가 쓴 『구스타프 말러』는 그런 날들

을 돌아볼 수 있는 교량 역할을 훌륭하게 하는 책이다. 이 책은 모두에게 추천할 만하다. 대상을 우상화하지 않으나 경외감을 갖게 하고, 친밀한 척만 하는 것이 아니라 정말 친밀하며, 형식상 정의를 내리려 하거나 활기차게 피어나는 것을 서류를 정리하듯 일괄적으로 묶어 버리는 방식으로 만들어지지 않았고, 구스타프 말러를 체험할 수 있다는 것에 그저 감사를 보낼 따름이기 때문이다. 이 책 안에도 완벽한 연주가 있던 저녁들에 느낀 리듬과 개별적인 것을 가능한 한 전체적인 것, 흠 없는 것으로 만들고자 했던, 서두르는 마음으로 전력을 기울인 듯한 명인의 의지가 있다. 그 책을 펼 때면 늘 내가 잃어버렸던 무엇인가가 되살아난다. 어느 날의 저녁이 떠오른다. 목소리가 흘러넘치고 장면들이 인사를 건넨다. 순간의 것을 다시 경험하고 나는 무언가 살아 있는 것을 느낀다. 모든 것이 그것에서 흘러나오고 또다시 그곳으로 잇대어지는 어떤 의지를 감지한다. 그것은 누군가를 이끌어 주며 감사함을 느끼는 사람의 손이다. 그리고 내 자신 또한 감사하는 마음이 되어 그 손을 느낀다. 그것이 말러의 비밀을 알고 그 비밀로 우리를 더 가까이 가게 하는 자의 것이기 때문이다. 책에 있는 말들이 더 이상 가르치는 역할을 하지 않고 그저 우리와 동행할 때 (우리는 음악이 시와 다르다는 사실을 어떻게 설명할 수 있을까? 시 또한 황홀하게 모습을 바꾼 음악일 뿐이다) 이제는 시간조차 잠에서 깨어나 내가 작품 곁으로 가도록 돕는다.

말러의 노래는 이제 스스로 소리를 내고, 그의 교향곡은 명백한 성취를 이루었다. 그리고 지금 이 봄날에도 그는 빈에서 사람들을 자기 주위로 불러들이고 있다. 사람들이 출입문을 가리키며 그에게 퇴장을 요구했던 바로 그 연주회장에서 그는 이제 예전처럼 우리 안에 살아 있다. 그의 의지는 충족되었으며, 죽었다 생각되는 이를 기쁨 속에서 새로이 느끼는 것은 그 자체로 환희이다.

구스타프 말러는 우리가 있는 이 중심지에서 부활했다. 우리 도시는 독일에서 거의 마지막으로 그 명사에게 다시 인사를 건넸다. 아직까지도 고전적인 찬사의 표현은 결여되어 있고, 사람들은 그의 명예 묘역 건립을 거부하고 있으며, 그의 이름을 자랑스럽게 내건 거리도 없다. 그가 생기를 불어넣어 이 도시 정신의 상징이 되도록 만든 건물조차 아직 그의 흉상(로댕이 불같은 성정을 지닌 이 사람이 무언가를 응시하는 모습을 청동으로 만들려 한 적이 있었다)으로 복도를 장식하지 않았다. 아직은 다들 겁을 내며 두려워하고 있다. 그러나 한 가지 일은 이미 일어났다. 그에 대한 증오심을 부추기던 무리가 사라졌다는 것이다. 그들은 각종 불명예를 얻으며 파멸했고, 그중에서도 가장 저속하고 비겁한 사람들은 대부분 거짓 감탄을 퍼붓는 쪽으로 전향했다. 어제 그를 십자가에 못 박으라고 소리치던 자들이 오늘 호산나를 부르며 그의 명성이 드리운 옷자락에 몰약과 향료를 부어 축복한다. 지난날 악의로 가득했던 자들은 사라지고 아무도 자신이 그랬다는 것을 드러내려 하지 않는다. 그를 증오하고 다른 이들까지 선동했던 사람들은 아무런 성과도 내지 못했다. 그들이 올린 유일한 성과라고는 그가 그들의 증오심을 먹고 열매를 맺도록 한 것뿐이었다. 혼탁한 그들의 세계는 혼란과 분열로 가득했으나 한 사람의 의지가 스스로의 질서를 창조하고, 쉬지 않고 순수한 조화를 추구할 때 그 세계는 힘을 잃었다. 위대한 힘은 하루하루 쌓이는 시간보다, 의지로 쌓아 올린 작품을 깎아내리는 허황된 증오의 말보다 강하다.

구스타프 말러 (1860-1911)

말러는 1860년 보헤미아 지방에서 유대인 상인의 아들로 태어나 1911년에 51세의 비교적 젊은 나이로 사망했다. 예민한 감수성과 뛰어난 음악성을 타고난 말러는 15세 때 빈 음악원에서 음악 공부를 시작하며 재능을 나타냈다. 음악원을 졸업한 후 지휘자로 나선 말러는 수많은 청중을 끌어들이는 탁월한 지휘로 당대의 주목을 받았다. 하지만 늘 완벽을 추구하던 말러는 주변 사람들을 심하게 몰아붙여 많은 이의 불만을 사기도 했다. 그의 뒤로는 모욕당한 프리마돈나의 신경질적인 비명과 나태한 자의 신음, 성과를 얻지 못한 자의 조롱이 뒤따라 다녔다. 그러나 말러는 시대를 초월한 명지휘자로 현재까지 추앙받고 있다.

헌신하는 예술,
브루노 발터

BRUNO
WALTER

✝

　그의 이름이 세상에 알려지기 시작한 것은 이미 오래
전 일이지만 우리가 그를 알아보고 인정한 것은 한참 후였
다. 우리는 어린 시절에 음악이라는 분야에는 마성의 음악
가 구스타프 말러 외에는 아무도 없다고 여기고, 마치 그를
유일신처럼 모시며 푹 빠져 있었기 때문이다. 지난 몇 년간
그의 곁에서 젊은이 하나가 조력자로서, 제자로서, 동료로
서 그가 내뿜는 강한 빛 뒤로 한 걸음 물러나 겸손하게 그늘
속에 서 있었음을 우리는 안다. 그러나 우리는 말러를 향한
우리의 사랑을 어떤 방식으로든 나누고 싶어 하지 않았다.
우리가 지상에서 음악의 대리인에게 선사하는 열광은 오롯
이 그에게만 머물러 있었다. (사실 우리는 감히 그와 개인
적으로 가까워지려 하지 않았는데, 그것은 아마도 마법이

풀려 버릴지도 모른다는 두려움 때문이었을 것이다.)

　다른 사람들도 나름 완성된 형태로 음악을 연주하고 지휘를 했겠지만, 우리에게는 오직 구스타프 말러의 것만이 음악이었다. 따라서 그가 사라지고 난 뒤에야, 젊은 시절 우리의 별이 진 뒤에야 우리는 그의 유산을 계승한 그 젊은이를 독자적인 인물로 인지할 수 있었다. 이런 이유로 우리는 처음에 브루노 발터를 단지 말러적 전통의 계승자로서 간접적으로만 지지했다. 우리는 성실함과 헌신으로 그렇게 오랫동안 말러의 제자로 있었던 그가 실은 오래전에 이미 스스로 명인의 경지에 올랐음을 시간이 지남에 따라 서서히 깨달아 갔다.

　우리는 그늘이 되기를 자청하면서까지 열중해 헌신하는 능력을 이 젊은이의 미덕으로 여기며 감탄해 마지않았다. 그리고 이 미덕은 오늘날에도 여전히 그의 음악의 가장 중심에 있는 천재성이다. 이 능력은 점점 성숙해질수록 작품에 성격을 부여했고, 이런 식으로 원래 지닌 성향이 가장 결정적이고 비교 불가능한 형태로 그의 존재감을 드러냈다.

　브루노 발터는 그 안에 자신을 각인시킬 작품을 자기 고집만으로 탐색하지 않고, 욕망이 가진 초월적 의지의 완전한 종이 되어 항상 다른 차원으로 달음질쳐 들어가 자신을 풀어놓았다. 이 의지는 작품에 따라 달라지고 모든 변화를 견딜 수 있으며, 모든 곳에서 완성을 추구하지만 작품마다 개별적이다. 쉬지 않는 이 하인은 자신의 임무를 창조성의 극단까지 끌어올려 완수하는 법을 알았다. 토스카니니 같은 후대의 천재들을 보면 한순간 오케스트라가 사라지고 모든 에너지와 예술이 오직 그의 의지와 존재에서 흘러나오는 것 같을 때가 있다. 그런데 발터는 이런 축복받은 순간에 마치 그 자신이 더 이상 존재하지 않고 거대한 파도에 휩쓸려 사람이었던 그가 악기로, 울림으로, 소리를 내는 요소로 변해 버린 것 같았다.

이러한 종류의 헌신은 항상 예술 작품을 향한 최고의 애정을 의미한다. 발터는 결코 전문가로서 주지주의적이고 외부적인 시각으로 작품에 접근할 수 없었다. 그는 항상 속박과 애정을 필요로 했다. 사랑이란 늘 서로의 극단까지 침투하기를, 사랑하는 대상의 피와 살에까지 스며들기를 갈망한다. 따라서 그는 매번 자신의 가장 깊숙한 곳에서 대상과 연결됨을 느낄 수 있어야 했고, 작품을 완전히 이해한 상태여야 했다. 이 또한 지성에 기인한 것이 아니라 혼을 불어넣을 작품의 정신에 자신을 맞추고 작품의 가장 말초적인 부분까지 꿰뚫어 봄으로써 이룬 것이어야 했다. 일단 작품의 가장 깊은 곳까지 침투한 다음 스스로 그것을 완전히 장악하면 그제야 작품을 하나의 체험으로 실현시킬 만한 상태가 된다. 이러한 이유로 브루노 발터는 어떤 작곡가의 특정 작품은 오래 망설인 뒤 아주 늦게야 다루었다. 그리고 젊음에 헌신하고 싶다는 사심 없는 소망을 지녔음에도 그가 인간적으로 높게 평가하는 몇몇 현대 작곡가의 작품에 거리를 두었다. 아직 작품의 의도를 완전히 파악할 수 없거나 온 마음으로 동의할 수 없다는 것을 알았기 때문이고, 그는 온 영혼을 다해 끊임없이 몰두할 수 있을 때만 스스로에게 날개를 달 자격을 허락했기 때문이다.

이처럼 총체적인 본성을 가지고 태어났거나 숭고함을 이해하고 그것을 사람들에게 이해시키는 행위에서 삶의 의미를 찾는 사람은 결코 한 분야의 전문가 정도로 한정 지어질 수 없다. 그러한 사람은 여러 분야의 예술은 서로 경계를 나누는 것이 아니라 서로에게 결핍된 부분을 채워 주는 것임을, 무엇인가에 진정으로 헌신하고자 한다면 모든 것과 형제처럼 연결되어 있어야 함을 깊이 깨닫고 있다.

브루노 발터의 친구라 말할 수 있는 사람은, 그와 영적인 대화를 나누는 기쁨을 아는 사람은 다방면에 걸친 그의 교양을 알고 있을 것이다. 그는 모차르트 음악의 모든 소절을 꿰고 있는 것처럼 괴테의 시구도 술술 읊는가 하면, 자신의 음악적 스승들이 지은 모든 멜로디를 알고 있는 것처럼 이 세상의 모든 갤러리에 걸린 그림의 색채와 형태를 알고 있다. 문학, 공연, 무용, 연출이 갖는 문제에 똑같이 감정 이입할 수 있는 사람이라면 피할 수 없는 이 천재성을 다방면에 만능인 자신만의 방식으로 마주해야 한다. 그러한 천재성이 모든 예술의 종합체로 여겨지는 오페라의 바그너적인 이상을 우리 시대에 실현시킬 수 있을 것이다.

어느 저녁 날, 우리는 그에게 감사했다. 얼마나 잊을 수 없는, 얼마나 다양한 기교인가! 얼마나 자주, 얼마나 다른 방식으로 우리의 마음을 정복했는가! 피아노나 스피넷◆의 은빛 울림이 모차르트적인 마법을 일깨워 놓는가 하면, 하늘에 닿을 듯 거대한 직육면체로 이루어진 바벨탑과 함께 웅장한 헨델의 『메시아』가 지어지고, 곧 잊을 수 없는 『트리스탄』, 결코 잊을 수가 없는⋯⋯. 아니, 이처럼 훌륭하게 하나의 전체로 작동하는 것을 따로따로 갈라놓지는 말아야겠다. 세상에서 가장 고귀한 것이 음악임을 우리에게 가르치는 이 모든 정신 감각의 표현 중에서 어느 것도 잊히지가 않는데 무엇하러 하나하나 세고 열거하는가? 음악은 궁극의 조화로 우리의 짐을 덜어 내고, 옥죄어 오는 것을

◆ 오각형 형태의 작은 하프시코드.

풀며, 서로 충돌하는 것을 화해시킨다.

우리는 그를 얼마나 사랑했는가! 음악과 함께라면 신의 눈길을 받은 천사처럼 빛나기 시작하는 그의 얼굴을 얼마나 사랑했는가! 사랑이란 늘 자기 자신을 훌륭하게 헌신할 줄 아는 예술가가 스스로를 던질 만한 가치를 지닌 것이다. 그는 그렇게 사랑에 자신을 던짐으로써 낯선 작품 앞에서 겸허해지는 것이 자신의 약함을 드러내는 것이 아니라 세상에서 가장 아름다운 창조적인 힘이 될 수 있음을 영광스럽게 입증해 보였다. 만물과 연결되어 있을 때만 진정한 결합을 이룰 수 있다. 위대한 능력이 보여 주는 결정적인 사례들은 이것이 한 분야의 예술에서만이 아니라 모든 종류의 예술에서 그러하다는 것을 증명하고 있다. 그렇기 때문에 우리 시대는 이처럼 탁월한 조화가 깃든 본성을 가진 이에게, 인간을 기쁘게 하는 화음 안에서 정당한 노력으로 모든 갈등과 불협화음을 극복해 한데 묶음으로써 차이를 해소하는 비밀을 배운 것이다.

브루노 발터 (1876-1962)

브루노 발터는 1876년에 독일 베를린에서 태어난 유대인 지휘자이자 작곡가이다. 1901년 함부르크에서 구스타프 말러를 만나 이후 그의 제자가 되었다. 그의 스승 말러가 독재자 스타일의 지휘자였다면 발터는 오케스트라 단원과 소통하는 수평적 스타일의 지휘자였다.

토스카니니 같은 후대의 천재는 한순간 오케스트라가 사라지고 모든 에너지와 예술이 오직 그의 의지와 존재에서 흘러나오는 것 같았지만 발터는 마치 그 자신이 더 이상 존재하지 않고 거대한 파도에 휩쓸려 사람인 그가 악기로, 울림으로, 소리를 내는 요소로 변해 버린 것 같았다. 그가 음악 자체의 순수함을 전달한 지휘자라는 평을 듣는 이유가 바로 여기에 있다.

발터는 1930년대 나치가 권력을 잡자 프랑스로 건너가 활약하다 1929년에 미국으로 향했다. 1962년 베벌리 힐스의 자택에서 심장마비로 사망했다.

예술이란 오로지 완벽,
아르투로 토스카니니

ARTURO

TOSCANINI

✝

불가능한 것을 갈망하는, 그를 나는 사랑하네.
―『파우스트』 제2부 중에서

후대 음악의 유한한 요소에 남아 있는 아르투로 토스카니니의 형상을 찾아낸 다음 그것을 불변하는 언어로 변환해 간직하고자 하는 모든 노력은 반드시 한 지휘자의 생애에 대한 것 그 이상이어야만 한다. 음악 창조에 대한 토스카니니의 헌신과 모든 인간 집단에 그가 끼친 매혹적인 영향력을 구체적으로 설명하고자 하는 이는 다른 무엇보다도 그의 도덕적인 행실을 묘사하게 될 것이다.

토스카니니의 내면에는 예술 작품에 내재하는 진실을 세상에서 가장 참된 것이라 믿는 인간이 헌신하고 있었다.

그는 원전에 대한 성실성을 열광적으로 신봉했고, 가차 없는 엄격함으로 자신이 믿는 가치를 지켰다. 이런 유형의 인물은 오늘날 다른 창조 영역에서는 찾아보기 어렵다. 그는 우쭐대거나 교만하지 않고, 그 어떤 아집도 없이 지상에 존재하는 모든 충성스러움의 형태로 그가 사랑하는 마이스터들의 고귀한 뜻을 따른다. 마치 성직자가 중보하면 신자들이 헌신하는 것처럼, 스승의 엄격한 기강을 따르며 영원히 배우려는 자의 부단한 노력이 담긴 외경심으로.

이 신성한 원전의 수호자에게 음악이란 개별적인 것을 다루는 게 아니라 항상 전체를 아우르는 것이었으며, 외적인 성공에 관여하는 것이 아니라 원전에 대한 성실성을 내적으로 관철시키는 것이었다. 그리고 언제 어디서나 자신의 천재성뿐 아니라 윤리적이고 영적인 에너지를 총동원함으로써 그의 업적은 음악계를 넘어 모든 장르의 예술과 예술가들에게 귀감이 되었다. 그가 개인으로서 성취한 위대한 승리는 음악계를 넘어 물질의 중력을 극복하려는 창조적 의지로 일구어 낸 개인의 한계를 초월한 승리가 되었고, 이는 연약하고 파편화된 시대에도 한 개인이 여러 번 완성의 기적을 이루어 낼 수 있다는 영광스러운 확인이 되었다.

이 엄청난 사명은 시간이 갈수록 토스카니니를 전례

없는, 그러나 바로 그렇기 때문에 스스로 하나의 사례가 된, 엄중함을 지닌 영혼으로 단련시켰다. 그에게 예술이란 오로지 완벽이었다. 이것이 그의 윤리적 고귀함이었고 동시에 인간적으로는 그가 짊어진 부담이었다. 그의 예술적 고집으로는 꽤나 칭송할 만한 것, 거의 완벽에 가까운 것, 근사치에 이른 것들은 취급할 가치가 없거나 오히려 적대시해야 하는 것이었다. 토스카니니는 모든 형태의 관대함을 증오했으며, 그의 사생활처럼 예술에 있어서도 안주하기, 값싼 자기만족, 적당한 타협을 혐오했다.

안타깝게도 우리가 사는 이 지상에서는 토스카니니를 기억하고 기릴 때 떠오르는 완전함이나 절대성에 절대로 도달할 수 없다. 그 고귀한 의지와 완성에 최대한 다가가려는 노력은 신적인 존재의 특성이지 인간에게 허락된 것이 아니기 때문이다. 그렇다고 해도 그는 결코 그런 이유로 안주하지 않을 것이고, 그에게 있어 예술의 절대성 외에 다른 것은 중요치 않으며, 악령에 사로잡힌 발자크 소설의 주인공처럼 전 생애를 '절대적인 것을 찾는 일'로 보내게 될 것이다. 그러나 도달할 수 없는 것에 도달하고자 하고 불가능한 것을 가능케 하고자 하는 모든 의지는 예술에서든 삶에서든 저항하기 어려운 힘과 마주하게 된다. 적당히 하는 정도로는 결코 생산적이 될 수 없다. 오직 과잉만이 우리를 생산성으로 이끈다.

　토스카니니가 원하는 것을 모두가 원해야만 했다. 토스카니니가 명령하면 모두가 따라야만 했다. 그가 휘두르는 마성의 지휘봉 아래에 있던 모든 음악가가 증언하기를, 그에게서 터져 나오는 힘에 피곤해하거나 지루해하거나 연주가 부정확한 상태로 머물러 있는 것은 생각할 수도 없는 일이었다고 한다. 그에게서 번쩍 터져 나오는 에너지가 동료 예술가들, 심지어 관객의 신경 하나하나와 모든 근육 속으로 비밀스럽게 수혈되어 밀려들어 갔다. 작품을 대하는 토스카니니의 의지란 곧 성전聖戰을 수행하는 것 같은 힘이었으며, 주체할 수 없는 감정을 우선 마비시켰다가 다음 순간 각자의 한계 너머로 폭발시키고 마는 힘이었다. 그 폭발적인 긴장감으로 그는 각자가 지금까지 경험해 왔던 음악적인 감정의 볼륨을 확장시키고, 모든 음악가의 능력을 상승시키고, 심지어 무생물인 악기에도 숨을 불어넣었다. 모든 악보의 가장 은밀하고 비밀스러운 곳까지 접근하기 위해 끊임없이 요구하고 압박해 오케스트라의 한 사람 한 사람에게서 음악적 완벽성을 끌어냈다. 그는 모든 사람이 음악적 광신도가 되기를, 자신이 원하는 것과 할 수 있는 것

사이에서 고도의 긴장감을 유지하기를 강요했고, 후에 그에게서 풀려난 이들은 그와 함께할 때 느꼈던 것 같은 강도의 연주를 다시는 경험하지 못했다.

이렇게 모두의 의지를 억압하는 과정은 쉬이 짐작할 수 있듯 평화롭거나 유쾌하기만 한 것은 아니었다. 그가 원하는 만큼의 성취를 이루려면 완벽해지기 위해 끈질기고 격렬하고 열렬하게 투쟁해야 했다. 완성을 향한 토스카니니의 고군분투를, 이 최고 중의 최고를 향한 투쟁을 흥분과 떨림과 팽팽한 긴장과 숨 쉴 수조차 없는 경악 어린 감탄을 느끼며 눈앞에서 경험할 수 있다는 것은 기적과 같은 일이었다. 창작하고 모방하는 예술가들에게는 최고의 계시였고, 전 생애를 통틀어 몇 되지 않을 잊히지 않는 순간이었다.

일반적으로 이런 종류의 시인, 작곡가, 화가, 음악가의 완전함을 향한 투쟁은 작업실의 꽉 닫힌 문 뒤에서 일어나는 일이라 생각하기 쉽다. 우리는 나중에서야 고작 그들이 남긴 스케치나 메모를 통해 창작을 향한 성스러운 노력을 짐작해 볼 뿐이다. 그러나 토스카니니의 연주 리허설에서는 완성이라는 천사와 겨루는 야곱의 투쟁을 시각적, 청각적으로 경험할 수 있었고, 이는 우레와 같이 장엄하면서도 두려움을 주는 일종의 연극이었다. 토스카니니가 각각의 악기와 그 연주자들이 최고의 기량을 발휘하도록 어떤 완력과 강도로 심지어 얼마나 잔인하게 몰아붙이는지 본다면, 대충 들어맞는 것과 선명하지 못한 것을 때로는 성스러운 인내로, 때로는 성스러운 조바심을 동원해 어떻게 한 치의 실수도 없고 흠도 없는 그의 작품 해석 안으로 밀어 넣는지를 본다면, 분야와 수준을 막론하고 예술을 업으로 삼는 사람은 롤 모델로 삼을 만한, 그 무엇과도 비교할 수 없는 작품에의 신봉을 접하게 될 것이다.

토스카니니의 특별한 점이란 바로 본 연주에서의 작품 해석이 리허설 때보다 더 발전된 적이 없다는 것이다. 대가의 교향곡이 그가 지휘대에 올라서기 전에 이미 리듬부터 형식까지 하나하나, 가장 희미한 음의 농담濃淡마저 내적으로 완성되어 있다. 그에게 리허설이란 새로운 것을 더하는 과정이 아니고, 매우 정확히 내면화된 곡의 비전에 맞추어 전체를 어울러 보는 과정일 뿐이다. 연주자들이 작업을 막 시작하려 할 때 토스카니니의 일은 이미 끝나 있는 셈이다.

토스카니니의 놀라운 육체는 하루에 고작 서너 시간만 자고도 충분히 버텼다. 그는 리허설 몇 주 전부터 밤을 새우며 근시인 눈앞에 악보를 바짝 갖다 대고 박자 하나하나, 음표 하나하나를 철저히 분석했다. 그는 뛰어난 감으로

작은 뉘앙스 하나까지 잡아내고, 특유의 도덕적인 성실함으로 강조된 모든 음과 리듬의 디테일에 문헌학적인 해석을 부여했다. 그 후에는 실수라고는 없는 기억력으로 전체를 생생하게 저장해 악보를 쓸모없는 허물처럼 치워 버려도 될 정도였다. 그가 리허설 무대에 올라설 때는 이미 마치 렘브란트 그림의 붓 자국처럼 작품 고유의 날카로움과 깊이, 울림이 누구보다 음악적인 그의 뇌에 변경 불가능하게 아로새겨져 있었다.

그는 귀신같은 정확함으로 자신이 무엇을 원하는지 알고 있었다. 남은 것은 다른 사람들을 이 의지 아래 의지가 제거된 상태로 굴복시키는 것뿐이었다. 그의 고결한 이상과 완벽한 비전을 오케스트라의 소리로, 음악적인 아이디어를 현실의 울림으로 변환하고, 구의 형태 같은 완전무결함을 듣고 있는 단 한 사람으로서 이를 연주자들에게 법으로 강요했다. 다양한 본성과 재능을 가진 연주자들이 서로에 대한 시각적, 청각적인 신뢰로 각자의 탁월한 비전을 조화롭게 합일하고 현실의 음악으로 실현시키는, 이 거대하고 불가능할 것만 같은 시도! 그러나 이 작업이 이미 1,000번이나 영광스럽게 끝났다 해도 토스카니니에게는 언제나 채워지지 않는 욕망이자 고통이었다.

누구든 그가 끊임없이 작품에 자신을 맞춰 가며 각기 다른 다양함을 통일성 있게 형상화하는 모습을, 그가 극도의 긴장 속에서 희미했던 것을 선명하게 이끌어 내는 모습을 바로 곁에서 본다면 그것은 예술을 가장 고양된 형태의 도덕으로 여기는 사람에게 있어 잊지 못할 수업이 될 것이다. 왜냐하면 이때부터 그는 토스카니니의 행위를 예술로서만이 아니라 윤리적인 것으로 이해하게 될 것이기 때문이다. 공식적인 연주회는 능력자이자 예술가인 그, 거장으로서의 그, 지도자·승리자로서의 그를 보여 주었다. 연주회에서 그는 자신 앞에 납작 엎드린 완전무결한 제국으로 당당히 걸어 들어갔다. 리허설은 완성으로 향하는 결전의 무대였다. 그 안에서 토스카니니를 수장으로 받든 군사로서 용기와 분노를 지닌 채 죽을힘을 다해 싸우며 엎치락뒤치락하는 연주자들의 비극적인 모습을 볼 수 있었다. 그곳이 마치 전장인 것처럼 연주자들은 위아래로 소요했고, 성공과 실패의 갈림길에서 열에 들떴으며, 토스카니니 안의 인간도 그들과 부대끼며 비로소 자신의 벌거벗은 영혼을 내보였다.

그리고 정말로 토스카니니는 매번 전장에 나가는 마음으로 리허설에 들어갔다. 홀에 들어서는 순간 그의 모습도

변했다. 평소에 그는 홀로 있거나 아니면 아주 가까운 사람들과만 있었다. 아이러니하게도 세상 사람 중 가장 정교한 청력을 가진 이 사람을 잘 듣지 못하는 사람으로 착각할 정도였다. 왜냐하면 보통 그는 무리에서 떨어져 낯설어하는 눈빛으로 팔짱을 끼고 이마를 잔뜩 찌푸린 채, 다소 멍하니 앉아 외부 세계와는 완전히 단절된 모습을 보였기 때문이다. 그는 자신의 안을 빤히 들여다보고 있었다. 내면의 생각에 순종했고, 자신 안으로 꿈꾸듯 침잠했으며, 모든 감각이 내면을 향해 있었다. 누군가가 다가와 말을 걸기라도 하면 그는 소스라치게 놀랐는데, 토스카니니의 깊고 짙은 눈은 아주 가까운 친구라 할지라도 그를 알아보는 데 30초 혹은 1분쯤 내부에서 외부로 주의를 환기할 시간을 필요로 했다. 이런 식으로 그는 내면에서 공상에 잠겼고 길을 잃었으며, 자기 안에서 파도치는 음악을 제외한 외부의 모든 것에 폐쇄적으로 문을 닫아걸었다. 몽상가이자 공상가, 완전한 고립과 집중 속에서만 창작했던 예술가 토스카니니는 그렇게 시간을 보냈다.

그러나 그가 지휘봉을 드는 바로 그 순간, 그에게 주어진 과제 앞에 서는 순간 이 고립은 가장 단단한 연대감으로 변모했고, 몽상은 열정적인 추진력으로 바뀌었다. 한순간 취한 동작으로 그의 몸은 꼿꼿이 일어났고, 어깨는 치켜 올라가 마치 군인처럼 호전적인 기운을 내뿜었다. 그는 지휘관, 사령관, 독재자가 되었다. 숱 많은 눈썹 아래 부드럽던 짙은 눈동자는 비로소 깨어나 불꽃처럼 번쩍였고, 입가에는 완고한 의지를 담은 주름이 서렸다. 지휘대 앞에 서는 순간 그의 모든 신경과 몸 안의 장기가 공격 태세를 갖춘 듯 극도의 각성 상태가 되어 나폴레옹의 눈빛으로 적진을 쏘아보았다. 이 순간부터 그를 기다리고 있던 연주자들은 아직 제압하지 못한 폭도가 되고, 이제부터 제대로 가르쳐 숙달시켜야 할 그의 의지에 반하는 존재, 훈육하고 규칙을 주입해야 할 상대가 되기 때문이었다. 그는 동료들에게 한껏 고무된 목소리로 인사하고 지휘봉을 들었다. 그러면 이 순간 그 가느다란 지휘봉이 피뢰침이라도 되는 양 그의 모든 의지는 최면에 걸리듯 작은 마법의 봉에 집중되었다. 이제 단 한 번의 몸짓이면 원리가 묶여 있던 사슬에서 풀려나고, 악기들은 그의 선명하고 남성적인 박자를 리드미컬하게 따라간다. 그렇지, 그렇지, 그렇지. 모두 함께 느끼고 호흡한다.

그런데 갑자기 연주가 단번에 멈춰 버렸다. 이 멈춤에 문자 그대로 통증이 느껴지고, 그 자리에 있는 모든 이들은 한순간 소스라치게 놀란다. 지휘봉이 건조하고 경직된 소리로 보면대를 두드렸고, 연주자들은 이 완벽한(적어도 우리 귀에는 완벽하게 들리는) 연주를 중단했다. 고요해진 가운데 허탈함이 그의 주변을 감싸더니 고요 속에서 토스카니니의 지치고 성난 목소리가 들렸다. "아니, 아니야!" 이 부정의 말, 이 고통스러운 나무람은 마치 깊은 실망의 탄식처럼 들렸다. 그의 이상 속에서 들었던 모든 악기가 어우러져 생동감 있게 울려 퍼지는 소리, 그가 내면에 귀 기울여 들었던 소리와는 다른 무언가가 실망스럽게 그를 흔들어 깨웠다.

토스카니니는 아직까진 아주 침착하게, 객관적으로, 예의 바르게 연주자들에게 자신의 해석을 이해시키려 노력했다. 지휘봉을 집어 들고 중단된 부분부터 다시 연주를 시작했다. 소리가 그가 꿈꾸던 울림에 가까워지나 싶었지만 여전히 최종적인 조화에 다다르지 못했고, 오케스트라의 연주는 그의 내면의 이상과 일치하지 못했다. 다시 한 번 보면대를 두드리며 내뱉는 토스카니니의 설명은 이번에는 좀 더 상기되어 있었고, 인내심을 잃은 것 같았다.

명료함을 원하는 그는 조금 더 쉽게 설명했다. 그에게서 점점 설득의 에너지가 퍼져 나오기 시작했다. 제스처로 자신의 의사를 표현하곤 하는 이탈리아인의 타고난 재능은 화려하게 넘쳐흐르는 몸짓으로 꽃을 피웠다. 음악에 문외한인 사람이라도 그가 시범으로 박자를 세어 보일 때, 강력한 감정을 강조하느라 애걸복걸하며 두 팔을 쭉 뻗었다 다시 모아 가슴에 간절히 갖다 댈 때, 온몸을 이용해 원하는 음악을 구체적으로 표현할 때 그가 도대체 무엇을 원하고 요구하는지를 알아차릴 수 있었을 것이다. 열정적으로, 점점 더 열정적으로 그는 모든 설득력을 동원해 부탁하고, 사정하고, 구걸하고, 요구하고, 몸으로 표현하고, 박자를 세고, 노래로 불러 보았다. 각각의 악기 파트를 고무하고 싶을 땐 그 악기로 변신해 현악기·관악기·타악기가 그의 손끝에서 피어나곤 했다. 만약 인간의 애원하는 마음과 조급함, 열망, 노력, 열렬한 충동을 상징적으로 표현하고자 하는 조각가가 있다면 아마 그는 토스카니니보다 나은 모델을 찾을 수 없을 것이다.

그러나 이렇게 독려하고, 오케스트라를 흉내 내기까지 하는 신경질적인 몸짓을 보였음에도 연주가 여전히 그의 이상을 반영하지 못할 경우 아직 도달하지 못한 것을 향한, 지상에서는 도저히 채워지지 않는 것을 향한 열망이 곧 토스카니니에게 고통이 되었다. 그의 예민한 귀는 상처를 입었다. 그는 부상당한 사람처럼 신음했고, 주어진 일을 제대로 해내지 못했다는 생각에 제정신이 아니었다. 작품에 몰입해 예의도 잊었고, 멍청하다고밖에 할 수 없는 저항에 분노해 자제력을 잃었다. 그는 소리치고, 미쳐 날뛰고, 악담과 욕을 퍼부었다. 이쯤 되면 우리는 그가 왜 가장 신뢰할 수 있는 친구들에게만 리허설 출입 허가를 내주는지 알 수 있었다. 그는 매번 패배감을 느끼며 완전무결한 것을 향한 자신의 거대하고 결코 충족될 수 없는 열정을 자각했다.

토스카니니가 연주자들을 통해 자신이 꿈꾸는 이상적이고 완벽한 작품의 모습을 폭력적인 방식으로 구현해 내려 하면 할수록 이 싸움은 점점 더 격렬해졌다. 그의 몸은 경기 중인 레슬링 선수처럼 흥분으로 덜덜 떨렸고, 쉴 틈없이 연주자들을 지적하느라 목소리는 쉬어만 갔다. 이마에서는 땀이 비 오듯 쏟아졌으며, 이 끝도 없는 엄청난 작업이 끝나면 그는 완전히 지쳤고 한층 더 나이 들어 보였다. 하지만 자신이 그렇게도 꿈꿔 온 완성까지 한 뼘도 남지 않은 상황에서 그는 절대 약해지지 않았다. 늘 다시 솟아나는 에너지로 그는 결국 연주자들이 완벽히 자신의 의도를 표현해 그의 이상이 흠결 없는 작품으로 나타날 때까지 전진 또 전진했다.

이러한 분투를, 가장 미세한 디테일 하나하나를 위해 며칠씩이나 계속되는 이토록 끈질긴 분투를 리허설에서 리허설로 이 단계에서 저 단계로 따라다니며 현장에서 지켜본 사람만이 토스카니니의 영웅적인 면을 알 수 있었고, 관객이 토스카니니가 응당 가진 능력이라 여기며 열광해 마지않는 완벽함을 위해 그가 치르는 대가가 무엇인지를 알 수 있었다. 지극히 어려운 것을 누구보다 자연스럽게 소화하고 완전무결한 것을 늘 당연한 것처럼 느끼게 할 때 어떤 능력의 최고치가 성취되는 것이다. 저녁 시간에 관객으로 가득 찬 연주회장에서 몇 번의 수신호만으로 연주자들을 최면에 빠뜨린 것처럼 지휘하는 토스카니니. 마법사이자 전체 오케스트라의 지배자인 그를 본다면, 이 승리는 힘든 투쟁 따위 없이 수월하게 얻은 것이며 그 자신이 모든 확고함의 총체이고, 승리의 가장 고결한 표상이라는 인상을 받을 수도 있다.

하지만 사실 토스카니니는 자신에게 주어진 과제를 완벽하게 풀어냈다고 생각한 적이 한 번도 없었다. 대중이 이런 그에게 열광한다는 것 자체가 그에게는 새로운 골칫거리였다. 지난 50년간의 숙달된 연주 경험을 지니고 있음에도 70세의 노지휘자에게 순수하고 완전한 만족을 주는 작품은 단 하나도 없었다. 늘 새로운 것을 시도하는 예술가에게는 한 작품에서 다음 작품으로 넘어갈 때마다 새로운 것의 불확실성만이 부각될 뿐이었다. 그는 단 한 번도 공허한 안락함을, 니체의 표현을 빌리면 "갈색 행복"이라 부르는 것을 느낀 적이 없었고, 안주하기를 원한 적도 없었으며, 자아도취적인 성향과는 거리가 멀었다.

어쩌면 아직 생존해 있는 사람 중 이토록 훌륭한 수준으로 오케스트라를 지배하면서도 환상 속에서 들었던 소리에 비해 현실의 음악이 불완전한 것에 이렇게나 비극적으로 고통받는 사람은 그 말고는 아무도 없을 것이다. 비슷한 열정을 가진 지휘자들의 경우에는 그것이 비록 찰나에 불과하더라도 황홀경의 순간을 드러낸 적이 있었기 때문이다. 음악적으로 토스카니니의 아폴론적 형제와 같았던 브루노 발터의 경우, 지휘 중간에 순간적으로 구원 혹은 은총의 느낌을 받았다. 스스로 의식하지는 못했겠지만 그가 모차르트를 연주하거나 지휘할 때 이러한 영혼의 빛이 그의 얼굴을 환히 비추곤 했다. 그는 마치 자신이 창조한 파도에 실려 가는 것처럼 보였다. 자신도 모르게 미소를 짓는가 하면, 꿈을 꾸거나 음악의 품 안에서 두둥실 떠오르는 것 같았다.

음악 속에서 자신을 완전히 망각할 수 있는 이런 은총은 완전무결한 것에 대한 갈망에 사로잡혀 만족할 줄 몰랐던 토스카니니에게는 결코 주어지지 않았다. 점점 더 높은 차원의 완벽에 대한 갈망이 그를 잠식해 갔다. 그가 연주회 때마다 지휘를 끝내고 박수갈채에 둘러싸여 있을 때 어딘지 불편하고 창피한 듯한, 수줍고 당황한 눈빛으로 지휘자의 단상에서 내려오거나 우레와 같은 관객의 환호에도 별로 내키지 않아 하며 예의상 최소한의 감사를 전하는 모습 등은 이 진실한 사람이 일부러 지어낸 행동이 아니었다. 그는 무엇보다도 자신이 도달해 거둔 것에 은밀한 슬픔을 느꼈다.

그도 예술에 있어서는 한 영웅에 의해 강요된 것이 별 소용이 없다는 것을 알고 있었다. 시인 키츠의 말처럼 그의 업적이 "물 위에 쓰여"져 세월의 파도에 쓸려 가 버릴 것임을, 그 어떤 감각으로도, 그 어떤 영혼도 굳게 붙잡고 있지 못할 것임을 감지하고 있었다. 그렇기 때문에 세상의 성공이 그를 유혹하지 못했고, 어떤 승리에도 도취되지 않았다. 그는 오케스트라의 세계에는 영원한 것이 없으며, 완성이라는 것 또한 매 작품마다, 매 시간마다 새로 얻어 내야만 하는 것임을 잘 알고 있었다. 위대했지만 결코 만족하지 못했기에 평안을 누릴 수 없었던 토스카니니 같은 인물은 매우 드물다. 예술이란 끝나지 않는 전쟁과 같다. 끝나는 지점은 결코 없고, 부단한 시작 지점만 있을 뿐이다.

그가 작품과 스스로의 삶에 도덕적인 엄격성을 적용했다는 것은 우리의 삶과 예술계에 커다란 사건이었다. 토스카니니 같은 순수한 규율주의자가 매우 드문 데다 이 완벽한 대가가 완벽한 연주를 완벽한 방식으로만 들려주려 함으로써 행복을 누린 날이 1년에 오직 며칠뿐이었다는 것을 우리는 한탄하지 않을 것이다. 예술의 품위와 정신을 지키는 데 있어 예술 활동이 쾌적하고 윤택해진 것만큼이나, 오늘날 라디오와 축음기를 통해 원할 때마다 고상한 음악을 편하게 들을 수 있게 된 것도 한편으론 위험한 일이다. 왜냐하면 이 편리함이라는 것이 대개 창작에 들어간 노력을 잊게 하고, 예술을 바라볼 때의 긴장감이나 경외심을 제거해 예술을 매일 먹고 마시는 빵과 맥주처럼 받아들이게 하기 때문이다.

진정 은혜로운 일이자 정신적인 쾌락은 이러한 시대에도 부단히 정진해 예술이 성스러운 고난이자 손에 닿지 않는 이 세상의 신을 향한 사도의 임무임을, 우연의 산물이 아니라 노력해 마땅히 얻은 공로로서의 은총이며, 미적지

근한 기호의 문제가 아니라 창조적인 곤궁함에서 비롯되는 것임을 상기시키는 사람을 지켜보는 일이다. 토스카니니는 그의 천재성만큼이나 굽힐 줄 모르는 본성에 힘입어 기적을 이루었고, 예로부터 전해져 내려온 찬란한 음악의 유산이 바로 지금 그에 의해 가장 생동하는 가치로 살아 있음을 수많은 사람이 느낄 수밖에 없도록 만들었다. 그리고 이러한 그의 업적은 음악이 그 경계를 넘어 더 비옥한 열매를 맺을 수 있도록 했다. 예술의 한 분야에서 찬란한 성취를 이루면 그 혜택은 모든 분야로 뻗어 나간다. 비범한 인물만이 다른 사람들을 질서와 종속의 세계로 이끈다. 이토록 지독하게 혼란스럽고 믿음조차 잃어버린 우리 시대에 그는 가장 성스러운 예술 작품과 그 가치 앞에 다시 외경심을 갖는 법을 가르치는 데 성공했다. 그리고 이것이 우리를 이 원전에의 충실함을 대변하는 자 앞에 무릎 꿇게 한다.

아르투로 토스카니니 (1867-1957)

괴팍한 완벽주의자 아르투로 토스카니니는 1867년 이탈리아에서 가난한 재봉사의 아들로 태어났다. 처음에 그는 첼리스트를 꿈꿨으나 19세 때 우연한 계기로 지휘를 시작해 이후 '당대 최고의 지휘자', '지휘의 거장'으로 자리매김한다. 토스카니니의 성급하고 꼬장꼬장한 성격은 잘 알려져 있다. 그는 자신의 마음에 드는 완벽한 소리를 얻기 위해 오케스트라 단원들에게 소리치고, 악담과 욕을 퍼붓고, 물건을 집어 던졌다. 토스카니니가 리허설 때 하도 'No'라는 소리를 많이 해서 별명이 '토스카노노'였다는 일화는 유명하다. 불세출의 피아니스트 블라디미르 호로비츠를 사위로 맞이했다.

쓰고, 쓰고, 쓰다,
라이너 마리아 릴케

RAINER MARIA

RILKE

✝

　음악이 이 시간을 이끌고, 이 시간은 음악 속으로 흘러
듭니다. 이 둘에게 바스락거리며 입혀진 날개 사이로 수줍
고 겸허한 이마가 몇 마디 말을 남기려 합니다.

　지금 저는 겸허해진 마음으로 연설을 시작합니다. 제
가 하는 말은 귀중하고 아직 만개하지 못한 채 떠난 이의
무덤 위에 순종으로 몸을 굽힙니다. 이 사람, 우리가 오늘
함께 그 죽음을 애도하려고 모인 라이너 마리아 릴케와의
작별을 완전하게 표현할 수 있는 것은 오직 음악뿐이기 때
문입니다. 또한 무엇과도 비교할 수 없는 그 사람 안의 언
어 역시 완전한 음악입니다. 말은 오직 그의 입술 위에서만
익숙함의 뿌연 안개를 떨쳐 버릴 수 있었습니다. 그의 비유
는 언어의 경직된 육체를 더 높은 세계로 날려 보낼 듯 가

벼이 들어 올렸으며, 그 세계 안에서는 모든 비밀이 감지되고 일상적인 대화가 손에 잡히지 않는 마법이 되었습니다. 그의 창조적 언어는 무척 다양한 모습으로 나타났고, 그가 쓴 시의 빛나는 울림 속에서 삶의 모든 양식이 각각의 초상을 찾을 수 있었습니다. 죽음마저도 그의 시에서는 모든 현실 중 가장 순수하고 가장 필요한 것, 위대하고 구체적인 것이 되었습니다.

그러나 소심하게 저급한 요소에 머물러 있던 우리에게는 오직 푸념의 공허함만이 남아 있습니다. 릴케라는 시인은 어느 시대에나 굉장히 드물게 나타나는 성스러운 면을 가지고 있었고, 그는 그런 면을 거친 감각과 강력한 감동을 주는 영혼의 열정으로 우리에게 나타내 보여 주는 유일한 인물이었습니다. 그로 인해 우리는 매우 드문 것을 체험했습니다.

라이너 마리아 릴케는 시인이었던 것입니다. 그에게는 태고의 신성한 단어, 확실히 진지하고도 의미심장한 이 말을 붙이는 것이 전적으로 당연했습니다. 불확실한 시대에 이 단어는 단지 쓰는 직업이라는 이유 하나만으로 소설가라는 애매한 개념과 매우 경솔하게 혼용되고 있습니다. 한 번 더 강조하건대 라이너 마리아 릴케는 시인입니다. 순수하고 완전한 의미에서 그러합니다. 횔덜린이 말했듯 그는 "거룩함으로 양육되었고, 별다른 노력을 기울이지 않아도 늘 그 자신다웠으며 타고난 가벼움을 지니고 있었습니다. 하늘이 그를 보살펴 주었으며 그의 신앙심은 깊었습니다." 하지만 이 모든 것은 정신의 축복 덕분만은 아니었습니다. 그보다는 오히려 고귀한 삶 속에서 지켜 온 순수 덕분이었다고 할 수 있을 것입니다.

그가 시인이었다는 것은 그가 남긴 모든 말과 일찍 끝나 버린 삶의 발자취만 보아도 바꿀 수 없고 반박할 수 없는 사실입니다. 자랑스러운 이름의 후광이 잘 어울리는 또 다른 많은 이와 다르게 그는 세계가 한 사람의 외부에서 내부로 밀려들어 오고 또 그의 놀란 영혼 안에서 한 번 더 성장해 모양새를 갖추는, 그런 고양의 순간과 믿을 수 없이 충만하게 채워진 틈새 안의 시인이었습니다. 아니, 그는 늘 순수하고 쉼 없는 예술가의 모습이었고, 우리는 그가 시인이 아니었던 시간을 알지 못합니다. 그가 말한 모든 단어, 그가 썼던 모든 편지, 그의 여리고 선율적인 몸에서 흘러나온 모든 몸짓, 그의 입가에 어린 미소 그리고 둥근 필체까지, 이 모든 것이 그의 시를 완전하게 만드는 창조적 에너지와 조화롭게 어우러져 세상에 유일한 결과물을 만들었습니다. 그렇게 그에게서 순수와 조화로움이 스스로 빛을 내며, 수정처럼 맑은 것에 둘러싸여, 그의 시처럼 해석 가능한 투명함으로 우리에게 다가왔고, 그 소명의 되돌릴 수 없는 확정성은 우리를 어린 시절부터 릴케라는 사람이자 예술가에 대해 반복해서 듣고 또 경외심을 갖도록 만들었습니다. 이렇게 모든 곳에 편재遍在하는 그의 존재와 작품의 아름다움 덕에 우리는 오늘날에는 거의 실재하지 않을 것 같은 사람인 그, 결코 잊을 수 없는 라이너 마리아 릴케의 순수한 시인으로서의 용모와 호흡을 보았습니다.

라이너 마리아 릴케, 그는 언제나 시인이었으며 처음부터 시인이었습니다. 그의 인생을 통틀어 이 말이 그에게 속하지 않고 세계가 그를 시인으로 여기지 않은 때는 없었습니다. 그는 아직 글씨를 거의 못 쓰던 어린 학생일 때도 조그마한 손으로 시를 썼습니다. 입술에 솜털이 보송할 때부터 음악을 말했습니다. 그는 자신도 모르는 사이에 어린아이들의 놀이에서 멀어져 점차 다른 놀이로 옮겨 갔습니다. 그것은 처음에는 가볍게 시작해서 자기 안에 존재하는 풍부함에 의해 점점 그 무게가 더해지는 언어의 놀이였고, 언어는 그 소년, 늘 승리하는 그에게 기꺼이 자신을 내어 주었습니다. 무언가 새로운 것을 끊임없이 찾고 시도했던 그는 벌써 열예닐곱 살에 나중에 명인에 경지에 오르고도 부끄럽게 여기지 않을 만한 완전히 순수한 선율의 시를 썼습니다. 그리고 이 영혼의 조각가는 몸이 완전히 자라기도 전에 자기 안에 시적 형태의 완전함을 갖추게 되었습니다.

그가 어떻게 그렇게 어릴 때 시인으로 출발할 수 있었는지 증언해 줄 사람이 누가 있을까요? 어느 누가 그의 비밀을, 이 예감과 세계의 가장 어두운 부분까지 닿아 있는 뿌리를 건드릴 수 있을까요? 그것은 수많은 일가에 질린 옛 귀족 혈통의 마지막 침몰을, 이제 와서 생기발랄함 속으로 뛰어들기에는 힘이 다한 마지막의 것을, 점차 약해지는 선율과 잦아들어 가는 리듬의 숨결을 한 번 더 소생시키려는 시도였을까요? 아니면 모든 것에 경탄하는 그의 소년 같은 마음을 일깨우듯 어루만지는 옛 프라하 골목의 그림자였거나 그것도 아니면 저녁이면 들판에서 들려오던 혹은 일요일마다 방에 혼자 남은 하녀가 부르던 슬라브족의 노래였을까요? 이는 그저 남아 있는 흔적으로 우리가 추측할 뿐입니다. 그는 1,000년간 지속되어 온 언어를 마치 그것이 수백만의 입술로 말해진 적 없는 것처럼 수백만 글자로 조각나 버린 일 없는 것처럼 새로 부활시켰습니다. 마침내 그가 나타나서 이전까지 존재해 왔던 그리고 이제 막 형성되어

가고 있는 모든 사물들을 감탄으로 가득하고 다채로우며 아침의 서광을 바라보듯 기대에 찬 시선으로 바라보았습니다.

도대체 누가 이 시인의, 모든 인간 중 형용할 수 없을 정도로 특별한 이의 본질을 밝힐 수 있을까요? 수천 명의 아둔한 사람 중에서 어떻게 한 사람이 시인이 되는 것인지, 같은 시간을 사는 우리 중에서 왜 바로 이 사람인가 하는 질문은 지상의 인과관계로는 아마 절대 설명할 수 없을 것입니다. 다만 시인의 체험이 늘 그리고 반복적으로 인류에게 일어난다는 것을, 우리와 같은 시간을 살다 간 이 사람이 그렇게 고귀한 일가의 일원이라는 것을, 푸른 사관생도복에 싸인 이 허약하고 수줍음 많은 소년 안의 깨어 있는 감각과 피 속에서 나중에 우리의 감정을 사로잡을 무언가가 휘몰아치기 시작했다는 뜻밖의 일을 늘 다시 떠올리는 것만으로도 충분하겠지요. 그 무언가는 지금도 대단히 현재적이어서, 우리는 모두 라이너 마리아 릴케의 시 한 구절 또는 그의 시에 쓰인 단어 하나 정도는 무의식중에 기억하고 있습니다. 그에게서 흘러나온 음악적인 숨결, 이것은 더 이상 호흡하거나 말하지 않지만 우리 모두의 사소한 현존이 연명하는 것보다 더 오래 존재할 것입니다.

라이너 마리아 릴케가 자신이 시인이라는 것을 자각함으로써 그 말의 책임과 진정성이 그에게 그늘을 드리우기 전에 그는 이미 시인이었음이 입증되었습니다. 시가 처음으로 찾아온 것은 그가 아직 어릴 적이었습니다. 그의 첫 시구는 유희적이고 가벼웠으며, 그는 놀이와 놀이 사이에 사려 깊은 둥근 필체로 시를 적어 내려갔습니다. 학교에서 사용하는 공책에 시를 썼는데, 아직 소년도 되기 전이었던 그는 그것을 얇은 책으로 인쇄했습니다. 놀랍게도 이 첫 번째 책이 이미 비슷한 그리움을 지닌 채 팽팽한 긴장으로 청소년기를 보내던 또래들 사이에서 반향을 일으켰습니다. 그리고 내부에서 흘러나온 소명의 자각은 그의 눈을 띄워 그가 스스로에게 더 많은 것을 엄격히 요구하도록 만들었습니다.

스무 살이 되었을 때 이미 그는 명성이 자자했지만, 갑자기 밀어닥친 이 위험 중 달콤하고 기분 좋은 것은 취하지 않고 쓰디쓴 책임과 무거운 의무만을 골라내어 받아들였습니다. 행운이란 진정한 시인의 부단한 노력에 의해 반복적으로 획득되는 것임을, 천재성이 처음에 유희하듯 부여한 것을 지켜 나가려면 인내와 두려움 어린 진정성이 지속적으로 뒷받침되어야 함을 다른 사람들은 뒤늦게 알거나 아니면 영영 배우지 못합니다. 그러나 이 훌륭한 사람은 그 사실을 얼마나 빨리 깨달았는지 모릅니다. 그리고 그 이른 깨달음에서 라이너 마리아 릴케는 완성으로 향하는 고된 길을 나섰습니다.

그 과정에서 그는 한 번도 지치지 않았고(그의 순수성은 얼마나 대단한가요!) 한 발짝도 물러서지 않았습니다. 그렇게 고요하고 온순하고 세상과 유리되어 있는 듯 보였던 그가 모든 가치를 내팽개치며 무엇이든 쉬이 얻으려고 하는 어리석은 자들을 타락했다 비난하고 공격했습니다. 겉으로는 예민하고 엄살이 심하며 연약한 사람처럼 보였지만 그는 창작을 업으로 삼는 이가 자신의 작품을 세계에 내보내기 위해 쏟아야만 하는 엄청난 노력을 알고 그것을 실행에 옮겼습니다.

라이너 마리아 릴케는 한 사람에게서 충만함이 흘러나오도록 하려면 그 영혼이 먼저 끝없이 가득 차야 한다는 것을 일찍이 알았습니다. 그는 시의 황금빛 즙이 묵직하고 투명하고 유려하게 흐르도록 하려면 시인, 곧 그 자신은 감각이 느끼는 모든 것을 꿀벌처럼 열심히 모으고, 모은 것이 떼 지어 버글거리도록 놓아두어야 한다는 것을 이해하고 있었습니다. 당대의 모든 서정시인 중 아마도 완성에 대한 기대치를 그렇게 높게 설정하고 그것을 성취하기 위해 그렇게나 충분한 노력을 쏟은 사람은 아마 없을 것입니다. 그는 『말테의 수기』에서 시에 관한 가장 까다로운 문구를 쓴 바 있습니다. 내용은 다음과 같습니다(정말이지 잊을 수 없는 문장입니다!).

시란 사람들이 흔히 생각하는 것처럼 감정(충분히 일찍 찾아오는 것)만은 아니다. 시는 경험이다. 한 편의 시를 쓰려면 많은 도시와 사람과 사물을 관찰해야 한다. 동물에 대해서도 잘 알아야 하고, 새가 어떤 방식으로 나는지 느껴야 하며, 아침에 작은 꽃이 필 때의 움직임이 어떤지 알아야 한다. 돌이켜 생각할 수 있어야 한다. 낯선 지역의 길과 예상치 못한 만남과 그 다가옴이 보이는 이별을, 아직 아무것도 모르던 시기의 어릴 적 날들을, 아이를 기쁘게 해 주려던 부모의 의중을 파악하지 못해 결국 속상하게 해 드릴 수밖에 없었던 일을, 유난히도 낫지 않던 어린 시절의 병을, 고요한 방에서 보낸 나날을, 바닷가의 아침을, 아니 바다 그 자체를, 바다들을, 여행 가서 보냈던 밤들, 높이 솟아올라 모든 별과 함께 흐르던 밤들을. 이 모든 것을 생각만 하는 것으로는 충분치 않다. 다른 누구의 것과도 비교할 수 없는 사랑을 나누던 밤들에 관한 기억이 있어야 하고, 산고의 비명, 자궁문이 닫힐 때 한결 가벼워진 몸으로 창백하게 잠들던 산모들의 모습을 기억해야 한다. 또한 죽어 가는 사람의 곁에도 있어 보아야 하며, 열린 창문으로 뭔지 모를 간헐적인 소리를 들어가며 이미 죽은 자와 한방에 앉아 있어 보기도 해야 한다. 기억을 간직하고 있는 것만으로는 역시 충분치 않으며, 너무 많을 때는 잊을 수도 있어야 한다. 잊힌 기억이 다시 돌아올 때까지 기다릴 수 있는 굉장한 인내심도 지녀야 한다. 기억 그 자체로는 아직 아무것도 아니다. 그것이 우리 안에서 피가 되고, 시선과 몸짓이 되고, 그러다 이름도 잃고 우리 자신과 구분할 수 없는 지경이 되면, 그제야 그 중심에서 시의 첫 구절이 깨어나 얼굴을 내미는 매우 드문 시간이 찾아온다.

영원한 무국적자이자 모든 길의 순례자였던 젊은 릴케는 창작을 위해 세계의 모든 나라를 거치는 여행길에 올랐습니다. 이 여행에서 릴케는 정신적인 체험들을 수집하려고 보고 또 들었습니다. 그는 러시아에 갔습니다. 이후 쓴 시에서는 크렘린 궁의 종소리가 울렸습니다. 그는 수천 명의 인간과 그들의 숙명이 관통해 지나간 관조적인 푸른 색조에 대해 알고자 톨스토이의 눈을 바라보았습니다. 그는 창조성에 모든 신경과 감각을 모아 낙엽이 지지 않는 나라에서는 태양이 빛의 선을 어떻게 그리는지를 경험하기 위해 스페인, 이탈리아, 이집트, 아프리카에 갔습니다. 그는 스칸디나비아 반도 남쪽 지방 골짜기의 푸른 벨벳 같은 석양을 알고 쓰기 위해 그곳으로 향했습니다.

그는 모든 곳에 있었으며 거의 항상 홀로 길을 떠났습니다. 말도 거의 하지 않았고, 침묵 속에서 포착된 것들이 장차 시 속에서 문체와 멜로디가 되어 비교라는 창조적 경쟁을 벌이며 각자의 존재감을 증명하도록 하기 위해 늘 귀를 기울이고 모든 것을 열정적으로 관찰했습니다. 이 순례의 시절에 스스로 무국적자가 되기를 자처한 그가 정확히 어디에 있었는지 아는 사람은 아무도 없었습니다.

그러나 그의 내면에서 자라난 작품은 그것을 감상하는 사람들에게 이 관찰자가 현실과 무상한 것들 안으로 얼마나 깊이 파고들어 갔는지를 보여 주었습니다. 그의 시가 해가 갈수록 더욱더 풍부한 색채로 채워졌다는 것을 그 근거로 들 수 있습니다. 『형상시집』의 경우 의외로 만족할 줄도, 지칠 줄도 모르는 릴케 특유의 풍부한 시적 화법으로 시작합니다. 우리 시대의 서정시인 중에는 아직까지도 서로 어우러지며 흘러넘치는 이 비유들의 황홀한 광채를 능가할 수 있는 사람이 없을 정도입니다. 이전에 젊은 시인이었던 릴케가 단지 감각의 울림이 남아 있는 흔적일 뿐이자 희미한 대략의 개념이라고 여겼던 세계가 이제 형상을 갖추고 다양한 형태로 핏줄 속까지 바싹 침투해 들어왔습니다. 감각으로 보고 듣고 느끼는 것에서 잉태되어 점점 더 커지는 감동으로 그는 다음과 같은 시를 쓸 수 있었습니다.

나는 점점 더 사물에 동질감을 느꼈고
점차 모든 형태를 관조적으로 바라보게 되었다.

이것을 개별적이고 분리된 하나의 사건으로 보면 시에 몰두하는 그의 노력이 부족하다고 할 수도 있을 것입니다. 왜냐하면 비유란 은빛으로 낭랑하게 울리는 운율의 사슬이 모든 현상과 자매처럼 이어진 것들을 멈추지 않고 자기 쪽으로 끌어당기는 것이기 때문이고, 성기게 산재하는 현존을 자신의 기억으로 한 공간에서 다른 곳으로 쉼 없이 흐르도록 완성시키는 것이기 때문입니다. 마치 생각의 가장 깊고 어두운 곳에서 끊임없이 다시 솟는 샘물같이, 가장 높은 곳에서 흘러내리는 강에 영원히 새롭게 비추는 언어의 빛과 같이. 이 고요한 조형자가 점점 더 강력하게 사물을 움켜줄수록, 그가 그들을 더 깊은 곳의 뿌리에서 끌어낼수록 그 안에서는 더 큰 욕구가 자라났습니다.

그것은 바로 직관적이고 이해 가능한 눈에 띄는 형태만을 노래하듯이 반영하는 것에 머물지 않고, 그 뒤에 있는 내적인 힘까지도 교향악적으로 해석하고자 하는 것이었습니다. 그 둘을 함께 묶어 주며 창조적인 힘을 더하는 것이 바로 신이었습니다. 마치 날개를 단 듯 그의 주위를 "탑을 에워싼 구름처럼" 팽팽하게 둘러싸고 있는 셀 수 없이 많은 비유 속에서, 점점 더 절박해져 가는 부름 속에서, 고귀한 연도 속에서 영원함을 향한 그의 신비감 어린 환희는 점점 더 열정적으로 치달았습니다.

이렇게 조형적 호기심으로 주변을 빙빙 도는 과정 속에서 아직 파편적이고 잘게 쪼개진 형태의 『형상시집』이 나왔고, 마침내 신을 향해 솟아오른 돔이라 할 수 있는 『시도시집』이 완성되었습니다. 이 시집은 아마도 우리 시대의 시인이 성취한 가장 순수한 신앙적 고양일 것입니다. 헤아릴 수 없는 그 깊이로 인해 감정을 쉴 틈 없이 몰아붙일 수 있는 심원한 바다를 발견했고, 그것에서 길어 낸 온순하고 경건한 마음이 깊은 신앙심이 되었습니다. "신의 깊은 곳에서 흘러나온 것이 영혼에 작용하는 부단하고 고요한 중력"

이, 부드러운 움직임에서 비롯된 것의 떨리고 황홀한 도취가, 바람에 의해 음악적으로 흔들리는 구절들이 위대한 시의 구리로 만든 종의 울림이 되었습니다. 신앙적 신비주의자인 안겔루스 질레지우스♦와 노발리스♦♦는 그의 상냥한 형제였고, 즉물적이고 명확한 것을 추구하며 경직되어 가고 있던 독일 사회 내에서 릴케는 그들만큼 생명력을 얻었습니다.

수줍었던 시작詩作을 시작한 지 몇 년 지나지 않아 이렇게 크게 성장해 세계 전역에 알려진 신을 향한 갈망을, 자신을 확장해 가는 고귀한 변화를 우리 세대는 경외감과 놀라움을 지닌 채 지켜보았습니다. 우리에게 특히 놀라웠던 것은 이 한 사람의 시인이 시간 속으로 상승하는 모습을 바라보는 일이었습니다. 예술이 스스로를 어떻게 채우고 충족시키는지, 처음엔 앙상하고 작았던 그의 작품들이 어떻게 불타오르는 형상이 되었는지, 그의 언어는 어쩌면 그렇게 듬뿍 색을 입었는지, 비유가 어떻게 점점 더 지혜롭게 현상의 핵심을 꿰뚫는지, 파편적인 요소들로 이루어진 시구가 전체적인 지상의 세계를 어쩌면 그렇게 감각적으로 되살리는지, 한 해 한 해가 지날수록 우리는 늘 새롭게 감동받고 점점 더 마음을 빼앗겼습니다. 그는 시구절을 매우

♦ 안겔루스 질레지우스(1627 – 1677). 독일의 신비주의 시인.
♦♦ 노발리스(1772 – 1801). 독일 낭만파를 대표하는 시인.

드물고 때로는 처음 들어 보는 운으로 선명하게 무두질해 가장 멀리 있는 것처럼 보이는 것들을 바로 곁에 있는 것에 열정적으로 꿰어 놓았습니다. 그러면 우리는 영적인 현존의 전부가 이 부드러운 비유의 천에 싸여 있는 듯 느꼈습니다. 우리는 이미 그러한 언어적 창조의 완성 너머로는 자기 복제만이 가능할 뿐 더 이상의 발전은 불가능하다는 것을 감지했습니다. 왜냐하면 이 시기에 그의 시들은 매달린 열매의 무게로 나무의 가지가 휘는 것처럼 그 운율의 엄청난 힘으로 인해 몸을 구부렸고, 충만한 음악성으로 이미 과도하게 울림을 발산하고 있었기 때문입니다.

그러나 우리가 그의 시는 이미 시적으로 유일한 종류의 궁극성에 도달했다는 것, 이제 그가 자신이 성취한 바를 능가하는 일은 없을 것이며 자기 복제 속에서 새로움은 점점 줄어들 수밖에 없다는 것, 이런 것들을 확실히 감지하기도 전에 이 위대한 시인은 이미 자신에게 닥친 그러한 위험을 인지하고 있었습니다. 그리고 가던 길 중간에서, 아니 그보다는 첫 번째 완성의 정점에서 라이너 마리아 릴케는 멈추어 섰고 다시 한 번 완전히 새로운 시적 여정을 시작했습니다.

그의 탁월한 표현에 따르면 "고난 속에서 휴식하기 위

해" 이 위대하고 만족을 모르는 이는 모든 것을 내려놓았습니다. 흔히 우연이라고 부르는 어떤 운명 같은 것이 그를 파리로 향하게 했습니다. 그곳에서 그는 로댕의 비서가 되었고, 소리가 울릴 정도로 넓고 희고 순수한 조각 작품들이 세워져 있는 뫼동♦의 큰 강당에서 생활했습니다. 석조로 이루어진 숲 같은 곳이었지만 특별한 점이 하나 있다면 조각 작품의 윤곽과 공간의 여백이 어우러져 내적인 궁극성을 자아냈다는 것이었습니다. 그곳에서 그는 분별하는 눈을 가진 한 성숙한 장인을 만났습니다. 그 만남을 통해 릴케는 어떠한 태도로 창작을 해야 하는지 영감을 받았고, 조각가가 인물의 초상을 형상화할 때와 마찬가지로 시인으로서 시의 재료들을 엄격하고 확정적으로 다루어야 함을 배웠습니다. 깨지기 쉽고 무게가 아예 없는 시의 소재들로 이루어진 작품의 윤곽에도 땅에 속하는 돌, 엄청나게 무거운 대리석이 가진 것 같은 단단함을 부여해야 한다는 것이었습니다. 지금까지 그의 작품들은 이와는 정반대였습니다. 그가 이제 다시 한 번 새로 시작하려 하는 시점에서 이러한 변화를 감수한다는 것은 상당히 대담한 일이었습니다.

지금까지처럼 지상의 공간에서 어떤 사물과의 형이상학적인 연결성과 은유적인 유사성을 추구하거나 모든 것을

♦ 프랑스 중부에 위치한 도시. 숲이 있어 파리 시민들이 휴일에 많이 찾는 곳이 되었다. 로댕의 아틀리에가 위치한 곳이다.

포괄하는 감정 안에서 사건과의 신비로운 연관성을 추구하는 것이 아니라, 이제 릴케는 (엄청난 결심이었지요!) 운명적인 홀로 있음을 선택하고 삶의 공간에서 각각의 사물을 비극적으로 분리하는 잔인한 일을 현실화하려는 노력을 시작했습니다. 그는 새로운 것을 찾기 위해 이전에 작품의 핵심에서 도달했던 언어를 이미 다 소진된 것인 양 버렸습니다. 스스로에게 강요해 왔던 시의 음악적인 요소에서 발을 빼고, 용기 있게 아직 한 번도 발을 들인 적 없는 대리석 조각의 요소로 옮겨 갔습니다.

그 내면의 음악가는 스스로 더욱더 견고해지기 위해 자기 자신을 스파르타식으로 훈련시켜야 했습니다. 그리고 무엇보다도 그는 세상의 모든 존재가 홀로 읊조리는 성스러운 독백을 그것에 귀 기울이던 시인의 호흡이 끼어들어 방해하지 않도록 하기 위해 그 자신을, 자신의 존재감을, 그의 공감 능력을 스스로 억눌렀습니다. 그가 느끼기에 돌로 만들어진 이 새로운 시의 단계에서 시인은 시 안에서 사물과 함께 말하는 존재가 아니었습니다. 그의 말이 관찰되는 대상과 수다스럽게 섞여 들면 안 되는 것이었습니다. 그는 침묵하는 법을 배워야만 했고, 작품 안에서 자신을 숨기는 법도 배워야 했습니다. 그럼으로써만 각각의 사물 안의 가장 고유한 존재가 작품 안에서 온전히 자기의 말을 할 수 있었습니다. 그가 이 엄격한 요구를 스스로에게 그리고 모두에게 얼마나 잘 적용했는지 보겠습니다.

오 시인의 오랜 저주여,
그들은 말해야 할 때는 한탄하고
마음 안에서 무엇이 슬프고 무엇이 기쁜지
아직도 헤아리는 중인 그 감정을 조형하는 대신
늘 섣불리 판단한다.
그들도 알았다면 시에서는 그것을
후회하거나 찬양해도 되었을 것이다. 병자처럼
자기의 아픔을 설명하기 위해
그들은 엄살로 가득한 언어를 구사한다.
성당의 석공이
자신의 감정을 억눌러 돌의 태연함으로 변화시키듯
단단한 말들이 되려고 하는 대신에.

이것이 후기의 릴케에게 새롭게 요구된 과제였습니다. 자신을 변화시키고, 쉴 틈 없이 낯선 형태 안에 완전히 녹여 넣으며, 대상과 공감을 형성하지 말 것. 그리고 이 '순수한 조형'은 두 권짜리 『신시집』에서 드디어 작품이, 기적이 되었습니다. 대리석으로 지은 이 시집의 다락방에는 음악이 필요 없는 불씨처럼 짓밟혀 완전히 제거되었습니다. 감정이 소거된 빛이 모든 것의 사이를 투명하게 비추고, 끔찍할 정도의 명확함으로 경계 짓습니다. 새로운 시 한 편 한 편은 대리석 위에 놓여 있을 뿐 아니라 그 자체가 대리석으로 이루어져 있습니다. 그들은 순수한 윤곽 긋기를 위해 모든 측면에서 외부와 경계 지어져 있고, 바뀔 수 없이 확정된 그 윤곽은 육체에 깃든 영혼처럼 꽉 닫혀 있습니다.

이 시들은 (저는 여기서 「표범」과 「회전목마」에 한해 언급하도록 하겠습니다) 둔중하고 차가운 돌에 조각되었지만 선명한 보석처럼 밝고, 깃들어 있는 정신의 시선은 투명합니다. 형상, 그것은 지금까지 독일 서정시가 그와 같은 경도를 갖고 있지 않았음을, 지식이 동반된 즉물성의 승리가 예감적인 것이 이룩한 승리 위에 있음을, 그것이 바로 궁극적이고 완전한 형상이 된 언어의 승리임을 보여 줍니다. 각각의 사물은 시에서 확고한 무게감을 가지고, 틈새도 없고 완전히 밀봉된 채로 오직 홀로 서 있습니다. 그것은 예전 시 안에 흐르던 음악성과는 달리 숨조차 쉬지 않습니다. 오직 그것이 지니고 태어난 형태와 영혼의 의미만이 비교할 수 없는 선명함으로 거의 기하학적인 방식으로 자신의 말을 합니다. 반복하건대 어떤 종류의 시는 아무 예상도 못 한 우리 앞에 독일 서정시가 이전에 전혀 알지 못했던 방식으로 출현합니다. 오직 한 번뿐이며 다른 세계에서 온 것 같은 완벽성으로, 자매 같은 예술 장르를 자신만만하게 모사하는 방식으로 말입니다.

이런 식으로 지치지 않고 탐색하는 이 사람은 다채로운 의미로 가득 찬 세계를 새롭고 예상치 못한 질서로 다시 묶어 놓았습니다. 그러나 100편의 시로 우뚝 선 입상들 외에도 시인은 운 좋게 찾아낸 형식을 적용해 수천의 동물, 사람, 현존의 출현이 그들 고유의 형상으로 존재하도록 그의 인장을 새길 수 있었습니다. 불과 몇 년 지나지 않아 그는 그 산의 정상, 현기증이 나고 외로울 정도로 높은 완성의 단계에 도달했습니다. 그리고 그것을 통해 세상의 모든 것을, 별다른 노력을 쏟지 않고도 하나의 형상에 이어 다음 것을, 살아 있는 한 지속적으로 부어 창조할 수 있는 틀을 얻었습니다.

그러나 역시 이 창조자는 이미 성취한 업적만을 반복하며 자기 자신을 관리하는 사람이 되고 싶어 하지 않았습니다. 오히려 (훌륭한 그의 표현에 따르면) "늘 더 위대한 것에 완전히 정복당하기"를 갈망했습니다. 이 침묵으로 투쟁하는 이는 한 번 더, 도합 세 번째 새로운 길을 찾아 나섰습니다. 이미 이룩해 냈고 그래서 한결 수월해진 보장된 성취를 과감하게 버리고, 자기 자신에게서 재차 새로운 시적 형식을 찾아내 결코 도달할 수 없는 영원에 대항하여 그것을 차곡차곡 쌓아 올리기 위해서였습니다.

「오르페우스에게 바치는 소네트」, 「두이노의 비가」 등 그의 마지막 시들은 10년 전에 이미 이러한 상승을 시작했습니다. 그는 스스로 선택한 고독 속으로 날아올랐습니다. 언어의 대기 중 가장 바깥 구역에서 빛의 과잉과 최후의 어둠이 벌이는 이 탁월하고도 낯선 경쟁은 대부분 부드러운 형태에 익숙한 사람들의 감정이 거의 따라잡을 수 없는 것이었습니다. 여기쯤 다다르자 독일인은 그의 작품에 감히 접근조차 하지 못했고, 간혹 드물게 그가 조각가적 정신으로 이 비밀스러운 후기 시들에서 대담무쌍하게 시도하고자 했던 것이 무엇인지를 따라 느껴 보고자 한 사람이 있었을 뿐입니다. 왜냐하면 여기, 성스러운 가을날 릴케는 자신의 최종적 성숙에 힘입어 언어를 제일 외부로 이끌어 내는 것을, 거의 표현이 불가능한 것을 표현하기를 시도했기 때문입니다.

그것은 사물 자체에서 울려 나오는 톤도 아니고, 그것에 감각적으로 새겨져 있던 것도 아니었습니다. 그들 사이에서 마치 입술 위의 숨결처럼 영적으로 눈에 보이지 않게 떠다니는 것들의 비밀스러운 관계에 관한 것이었습니다. 창작에 대한 그의 만족할 줄 모르는 의지는 지칭하는 단어가 없거나 지금껏 언어가 포기해 온 바로 그것을 가리켰습니다. 순수하게 개념적인 것들의 초상, 더 이상 알아볼 수 없는 것들의 은유. 여기에 도달하려면 언어는 자기 자신의 테두리보다 더 넓게 확장되어야 하고, 자신의 가장 낮은 심연까지 몸을 구부려야 했으며, 납득할 수 있었던 것에서 빠져나와 이해할 수 없는 곳, 더 이상 말로 할 수 없는 것을 향해야 했습니다.

「두이노의 비가」에서 릴케는 먼저 서정적이었다가 곧 프란치스코적이 되고 마침내 오르피즘적 시인이 됩니다. 특유의 성스러운 어둠으로 가득 찬 그의 시는 굉장히 훌륭해서, 이전의 모든 독일 시인, 노발리스나 횔덜린의 업적까지도 뛰어넘었습니다. 당시에 우리는 너무 놀란 나머지 마지막 시 하나하나에 담긴 의미를 잘 파악하지 못했습니다. 지금에서야 그는 우리의 인식을 향해 자신을 고통스럽게 열어 보여 주고 있습니다. 이 작품에서 시도된 것은 생명이 있는 것들 사이의 말 걸기가 아닙니다. 이 작품은 사물과 감정의 저편에 있는 무언가와 나눈 대담입니다. 여기서부터 시작된 것은 무한한 것과 나누는 대화, 어둠에서 눈을 들고 구하는 자에게로 돌리기를 요구하는, 그 스스로 오랫동안 준비해 왔고 이제 성숙할 만큼 성숙한 죽음과의 친근한 주고받음이었습니다.

그것이 최후의 등정이었습니다. 그리고 우리는 그가 이 마지막 길에서 홀로 도달한 곳에 쌓인 만년설의 두께를 감히 측정할 수 없습니다. 진정으로 끝에 도달한 것 같은 완성이었습니다. 그 자신도 이제는 휴식이 필요하다 느꼈습니다. 모든 것이 그에게 말을 건넸고, 그는 말로 할 수 없는 것을 끊임없이 말하고자 하는 자신의 시적인 화법 안에서 가장 깊은 신비의 우물을 모두 퍼내어 썼습니다. 그는 가파른 오르막에서 숨을 몰아쉬었습니다. 그리고 결코 지치지 않는 힘을 시험해 보기 위해 아직까지 구사하지 못하는 외국어를 하나 골랐습니다. 그는 이제 새로워진 요소들 안에서, 프랑스어로 쓰는 시구 안에서 리듬을 찾으려 노력했습니다. 새로운 도전이었기에 그만큼 성공 가능성은 더 낮았습니다. 삶의 마지막 순간까지도 고난과 채워지지 않는 그 무엇을 사랑해 마지않았던 그는 이 엄청난 전력투구의 시간을 휴식으로 삼았습니다. 그리고 그것은 진정 영원한 것을 향한 새로운 오르막을 오르기 전 잠깐의 휴식에 불과했을 것입니다.

20년의 시간을 장렬하게 채워 나간 이 엄청난 노력은 시인의 언어라는 면에 있어선 영원히 종결되지 않는 형태에 관한 한 시인의 지칠 줄 모르는 작업이었고, 그 작업은 오직 라이너 마리아 릴케의 작품 내부에서만 엿볼 수 있는 것이었습니다. 창작 과정 자체는 그의 개인적인 삶처럼 철저하게 감추어져 있었습니다. 누구도 그의 내밀한 생활에 대해서는 알지 못했고, 그의 마지막 아틀리에를 본 사람도 없었습니다. 침묵 속에서 위대함이 나타나는 것처럼 그의 작품은 고요 가운데 성장했고, 끝내 완성을 이루어 낸 모든 것이 그렇듯 처음에는 변두리에서 생성되었습니다. 귀하디 귀한 이 사람은 부르심을 받은 자의 지혜로운 영혼으로 결정적인 것을 완성하려면 항상 커다란 것을 포기해야만 함을, 예술가는 감당해야 할 작품을 온전히 충족시키려면 시끄러운 일상이나 세계와 직접 섞이는 것을 거절해야 함을 이미 알고 있었습니다. 여기에 대한 그의 잊을 수 없는 말이 있습니다.

왜냐하면 삶과 위대한 업적 사이에는

어딘가에 옛부터 오래된 적대 관계가 있기 때문에.

삶은 인간을 힘차게 부릅니다. 삶이 예술가를 부르는 목소리는 더욱더 압도적입니다. 예술가 안에서 객관적으로 작용하고 눈에 보이는 것을 함께 형상화할 수 있도록, 삶은 항상 현재적인 것으로 설정되기를 원합니다. 삶은 현실을 위해 시인과 섞이고 그의 일부를 할당받기를 원합니다. 그러나 동시에 시인은 아직 형성되지 않았고 오로지 미래에 속한 작품에 대한 지배욕과 질투심이 강해져서, 자신을 삶과 분리해 삶이 주는 어떤 지원도 거부하고 오직 조형자로서의 정신에만 종사합니다. 단 한 번뿐이라는 각오로 결심해서 영속하는 작품을 위해 희생하는 삶을 살 것인지, 아니면 순간을 활기차게 살아가는 삶을 택할 것인지. 이러한 결정은 누구에게나 요구됩니다. 라이너 마리아 릴케, 그는 오직 예술에만, 가장 변두리의 성스러운 일이자 고요한 고행인 예술에만 자기 자신을 내주었습니다.

그는 훌륭한 연설자로 알려져 있지 않습니다. 그는 강단에 잘 알려진 사람이 아니었고, 일상생활에 대한 정보나 초상화 같은 것도 흔히 구할 수 없습니다. 사람이 많이 모이는 사건 사고 현장에서는 그의 말이나 연설을 들을 일이 없었습니다. 따라서 그의 용모나 삶에 대해 잘 알고 그를 알아보는 이도 별로 없었습니다. 그는 자주 여러 도시를 방문했습니다. 이 도시에도 온 적이 있었지요. 그러나 다른 사람들의 눈에 잘 띄지 않는 기운이 항상 그를 둘러싸고 있어서, 그가 그렇게나 수줍고 그렇게나 작은 목소리로 속삭이며 주변부에 있다는 사실이 잘 느껴지지 않았습니다. 그는 어떤 공간에든 조용히 입장했습니다. 그가 두려움을 느끼는지, 누군가를 방해하고 있는지, 아니면 방해받고 있는지 알 수 없었습니다. 그와의 대화 또한 말이 쏟아져 나오는 형태라기보다는 온화한 속삭임에 가까웠습니다. 종종 그의 입가에 가볍고 선한 미소가 어릴 때가 있었습니다. 그러나 그것에도 강요로 얻어 낸 애정의 속성처럼 방어적이고 비밀스러운 데가 있었습니다. 사람들은 그에게 가까이 가기를 두려워했는데, 그의 주위에는 항상 너무나 깊은 고요가 있었기 때문입니다. 물론 이 고요에서 길어 올린 선명하고 순수하며 애정 어린 그의 말이 우리에게 건네지는 순간은 그 자체로 행복이었습니다.

예술에 있어서만 그렇게 까다로웠고 삶의 측면에서는 소박하기 그지없었던 그는 결코 스스로 남들 앞에 나서는 법이 없었습니다. 그는 자신의 시 속에서 노래하던 수줍음 많은 소년으로 머물렀습니다. "나는 사람들의 말 앞에서 너무나 두려워진다." 폭력적인 현실이 그에게 폭풍우처럼 몰려와서, 경외감으로 두 손에 고이 받쳐 들고 있는 투명하게 물든 고요의 그릇을 깨뜨리지 않을까 하는 두려움이 늘 그를 흔들었습니다. 그래서 그는 꼭 구름에 둘러싸인 것처럼 안쪽으로 둥글게 몸을 만 채 각종 소음과 우리 시대의 문학계를 수줍게 지나쳐 갔습니다. 구름처럼 소리 없이 그리고 절박함도 없이, 영원이 비추어 붉게 물든 채 그는 지나쳐 갔습니다.

그렇게 그는 조용하게 모든 공간에 들어섰고, 자신을 숨긴 채 타인의 삶을 들여다보지 못해 안달인 우리의 시간을 지나 그렇게 조용히 갔습니다. 그는 병에 걸렸지만 아무도 그것을 알지 못했습니다. 그는 세상을 등졌지만 그것 또한 아무도 알지 못했습니다. 고통의 비밀도, 질병도, 죽음도 그는 시인의 삶을 위해, 아름다운 것을 위해 그리고 마지막이자 오랫동안 준비해 온 이 작품을 온전하게 완성하기 위해 전부 자기 안에 잡아 두었습니다. 그 작품은 바로 자신의 죽음 자체였습니다. 그는 일찍부터 죽음을 사는 동안 내내 입고 있던 비쩍 마른 침묵의 육신 안에, 결국 마지막에는 완전히 소진될 것이었던 몸에 창조적으로 집어넣어 두었습니다. 그것은 멈추지 않고, 그러나 눈에 띄지도 않은 채 그와 함께 자랐습니다. 가끔 저세상의 목소리가 그의 시 중에서 가장 비밀스러운 부분을 함께 읊곤 했는데, 그러고 나면 키츠나 노발리스의 시 속에서 느껴지는 감동적인 떨림을, 땅 위 사람의 것인 적이 한 번도 없었던 그 감동을 이해하게 되었습니다. 유령의 것과도 같은 울림, 달콤하지만 동시에 어두운 그 울림은 가끔 그 자신의 문장과 시를 능가하기도 했습니다. 다른 차원에서 온 검은 활시위, 그늘에서 도망쳐 나간 영혼의 목소리였습니다.

죽은 자들과 함께 양귀비를
먹는 자 중에서만
가장 조용한 음성을
다시는 잃지 않는 자가 있으리라.

말테 라우리츠 브리게가 객지에서의 죽음에 대해 쓴 산문 비가에서 발췌한, '레퀴엠'의 음울한 옷을 입은 구절입니다. 만약 이 노래가 무덤가에서 자기 자신의 죽음을 노래하는 것이라는 사실을 미리 알고 있지 않았다면 과연 어떻게 들렸을까요? 그는 자신의 내부에서 몇 년 동안이나 죽음을 느껴 왔습니다. 그러나 감각을 통한 모든 느낌이 죽음을 훌륭히 고양시켜 시를 만드는 것처럼 죽음의 비극적 요소까지도 애통함을 더욱 농도 짙게 만들 뿐이었고, 유한한 것의 불멸성을 재촉할 뿐이었습니다. 그러나 사랑스럽게 소곤거릴 줄밖에 모르는 우리는 이 음악에 매료되어 영문도 모르고 그의 안에서 자라났던 죽음까지도 삶과 함께 사랑해 그 희귀한 달콤함을 즐겼고, 그는 자신의 영적인 소멸을 마치 하나의 선물같이 여겼습니다. 그리고 쾅 하고 닫혀 버린 문처럼 그의 죽음이 온 세상을 후려쳤을 때에야 비로소 우리는 기겁해 소스라치게 놀란 눈으로 침범당한 빈 공간과 남겨진 우리 존재의 가난을 돌아보게 된 것입니다.

그러나 이 죽음에 대해 논쟁하고자 한다면, 이 죽음이 너무 일렀다거나 잔인했다고 말한다면, 그것은 이 죽음의 진짜 의미에 부합하지 않을 겁니다. 우리는 그를 경외하는 마음으로 이 죽음 앞에도 경외감을 가져야 합니다. 이 죽음은 우리가 아직 말하지 않은 것과 앞으로도 말할 수 없는 것을 이렇게 많이 빼앗아 갔습니다. 그럼에도 우리는 그가 결코 변하지 않는 고귀한 초상을 생의 마지막 순간까지 유지했다는 점에 감사를 보내야 합니다. 우리는 또 라이너 마리아 릴케가 남긴 기념비가 우리의 애정 앞에 완전한 모습으로 서 있다는 것, 그것이 무슨 일에든 정신적으로 정진하는 모든 사람에게 고귀한 보증이 되고, 모든 젊은이에게 고상한 시민계급의 본보기가 되어 준다는 것에 감사해야 합니다. 더불어 시적인 것에 등을 돌리는 오늘날에도 침착한 영혼과 순수한 현존을 통해 그가 여전히 시인일 수 있다는 것에 감사해야 합니다. 그는 이러한 시인이었고, 입술 위 마지막 숨이 사라지는 순간까지 그러했습니다. 그리고 다음과 같이 말할 수 있음이 우리의 슬픔에 대한 유일한 위로입니다. "우리는 그와 같은 시대를 살았습니다."

릴케라는 고귀하고 드문 사건은 슬픔조차 겸허함으로 바꾸고, 비탄도 감사로 흐르게 합니다. 그래서 우리는 비탄에 젖어 탄식하기보다는 애도하는 마음으로 그를 기리려 하며, 공인의 묘지에 작별을 고할 때 흙을 세 번 떠서 던져 넣는 것같이 세 번의 말로 만든 흙으로 그의 길을 뒤따르려 합니다. 우리는 그에게 과거의 이름으로, 현재의 이름으로 그리고 아직 우리를 기다리고 있는 미래의 이름으로 감사를 전할 것입니다.

영광과 존경을 당신에게 보냅니다, 라이너 마리아 릴케여. 겸허와 인내의 열매를 먹고 자란 당신이 연약한 시작에서 위대한 완성을 이루는 모습을 지켜본 지나간 시간의 이름으로, 모든 청춘에게 좋은 사례가 되고, 미래의 모든 예술가에게 본보기가 되는 당신에게 감사를 보냅니다!

영광과 존경을 당신에게 보냅니다, 라이너 마리아 릴케여. 이 시대에 가장 드물지만 실은 가장 필요한 것인 시인의 초상을 다시 한 번 조화롭고 순수한 형태로 제시해 준 당신에게 우리 시대의 이름으로 감사를 보냅니다!

영광과 존경을 당신에게 보냅니다, 라이너 마리아 릴케여. 당신, 영원히 완성되지 않을 언어의 대성당의 신앙심 깊은 석공이여. 도달할 수 없는 것을 향했던 당신의 애정에 감사를 보냅니다! 독일어로 쓰인 당신의 영원한 시와 작품들에 영광과 존경을 보냅니다!

라이너 마리아 릴케 (1875-1926)

릴케는 1875년 오스트리아 제국의 지배 아래 있던 체코 프라하에서 태어났다. 태어난 지 얼마 안 된 딸을 잃은 어머니의 집착 덕분에 릴케는 일곱 살 때까지 여자 옷을 입고 자라야 했다. 화목하지 않은 가정은 그를 불행하게 했지만 그나마 시를 쓰기 시작하면서 생의 의욕을 느끼게 된다. 파리에서 로댕의 비서로 일하면서 릴케는 조각가가 인물의 초상을 형상화할 때처럼 시인 또한 시의 재료를 엄격하고 확정적으로 다루어야 함을 배운다. 종교적이고 비유적이었던 그의 시는 『형상시집』과 『신시집』을 거치며 대상을 응시하는 시인의 '바라보기'가 또 하나의 우주를 만들어 내는 '사물시'로 나아갔다.

세계인에게 가장 많은 애송시를 선사한 라이너 마리아 릴케는 1926년 백혈병이 원인이 되어 51세의 나이로 세상을 떠났다.

역자 후기

    슈테판 츠바이크는 1881년 오스트리아의 빈에서 태어난 소설가다. 부유한 유대인 집안에서 태어나 젊은 나이에 이미 시와 소설을 발표하며 성공적인 작가이자 시대의 지성으로 이름을 알렸던 그도 독일에서 시작되어 오스트리아를 비롯한 전 유럽에 어두운 그늘을 드리운 증오의 화살을 피해 갈 수는 없었다. 그는 지극한 평화주의자이자 인도주의자였으나 나치는 유대인인 그가 쓴 저서들을 금서로 지정해 공개적으로 불태웠다. 1934년 이후 그는 런던, 뉴욕, 아르헨티나, 파라과이에서 망명 생활을 하다 브라질에 정착했다. 정신의 고향이자 언어의 뿌리인 유럽이 광기로 자멸하는 것을 바라보는 일은 그에게 분노를 넘어 무력감과 심각한 우울증을 앓게 했다. 1942년 그는 "맑은 의식 가운

데 자유의지로" 삶을 마감한다는 유서를 남기고 수면제 과
다 복용으로 세상을 등졌다. 그가 남긴 모든 글에서 인간성
에 대한 확고한 믿음, 완벽한 도덕성에 대한 찬양, 순수한
예술에 대한 애정, 자유와 평화에 대한 소망을 읽을 수 있
다는 사실은, 거꾸로 어둠 속으로 추락한 유럽의 모습이 그
에게 얼마만큼의 절망감과 비통함을 안겨 주었을지 짐작해
볼 수 있는 지표가 된다.

　츠바이크가 평화주의자가 되는 데 많은 영향을 준 프
랑스의 소설가 로맹 롤랑은 1919년에 쓴 일기에서 친구였
던 슈테판 츠바이크를 가리켜 "우정은 그의 종교다"라고
표현한 바 있다. 이 말에 걸맞게 츠바이크는 당대 유럽의
동료 문인, 음악인, 학자 할 것 없이 수많은 인물과 폭넓게
교류했다. 이 책에 발췌, 수록된 에세이 및 연설문의 대부
분은 그가 실제로 만나고 우정을 나누었던 인물들의 삶과
업적을 간략하게 정리한 약전略傳 형식의 글이다.

　그러나 츠바이크의 글이 일반적인 전기문과 구별되는
가장 확실한 지점은 그 바탕에 대상에 대한 인간적인 존경
과 진한 그리움이 깔려 있다는 점일 것이다. 라이너 마리아
릴케가 평생 쌓아 올린 시적 성취에 대한 글, 런던에서 열

린 지그문트 프로이트의 장례식에서 한 연설, 작곡가 구스타프 말러의 예술 세계를 돌아보며 짧게 스쳐 간 만남을 회상한 글, 알베르트 슈바이처와의 잊지 못할 만남을 기록한 글에서, 지휘자 브루노 발터의 음악성에 찬사를 보내는 헌사에서 츠바이크는 동시대를 살았던 동지이자 귀감이 되는 예술가, 좋은 친구였던 그들에 대한 순수하고 뜨거운 애정을 드러내는 데 망설임이 없다.

또 다른 차별성은 그가 집필한 다른 소설에서 이미 증명되었듯 뛰어난 필력으로 대상의 삶을 손에 잡힐 듯 생생하고 현실감 있게 묘사한다는 것이다. 프랑스 소설가 마르셀 프루스트에 관한 글에서 독자는 재능 있고 병약한 작가의 끈질긴 창작 의지를 마지막 순간에 이르기까지 '목격'하며, 독일 낭만주의 문학을 대표하는 작가 E. T. A. 호프만이 지루한 삶에서 어떻게 창작을 탈출구로 삼았는지 공감하며 지켜본다. 지휘자 토스카니니의 리허설 장면은 마치 우리 눈앞에 펼쳐지는 듯 현실적이고, 프랑스의 시인 폴 베를렌의 비참한 말년은 너무 딱한 나머지 혀를 끌끌 차게 될 정도로 생생하다.

글의 의도가 쉽고 빠르게 전달되는 것이 미덕인 시

대에 추상적인 비유와 복잡한 구조의 문장으로 가득 채워진 슈테판 츠바이크의 글은 얼핏 고루해 보이고 현학적으로 느껴질 수 있다. 번역 과정에서도 츠바이크가 즐겨 사용하는 길고 화려한 문장구조, 독일어의 조어성造語性에 기대어 대상의 본질을 묘사할 수 있다면 어휘를 즉흥적으로 만들어 쓰는 것도 서슴지 않은 그의 열정 덕에 많은 어려움이 있었다.

번역 작업을 하는 사람이라면 누구나 한 번쯤은 어떻게 하면 출발어와 도착어 사이의 긴장감을 적절히 유지하면서 한국어 어법에 맞게, 그러나 동시에 원어로 쓰인 문장만이 가지는 고유의 맛을 잃지 않게 번역할 수 있을까라는 고민을 해 보았을 것이다. 단어나 문장의 작은 뉘앙스에 풀리지 않는 의문이 생길 때 답변해 줄 수 있는 유일한 사람인 원저자는 이미 74년 전 고인이 되었으니, 그 의문을 헤쳐 나가는 것은 오롯이 번역자의 몫이었다.

그럴 때마다 츠바이크가 이 책에 실린 글에 담고자 했던 것은 다름 아닌 대상에 대한 우정이었음을 떠올리는 것이 매우 큰 도움이 되었다. 그리고 그렇게 했을 때 츠바이크가 고심하여 고르고 매만졌을 글 속의 단어 하나하나가,

예민한 비유가, 열정적인 찬사가 마음 깊이 감동으로 다가왔다. 부족하기 그지없는 번역이지만, 그 과정에서 역자가 느꼈던 마음의 울림이 번역본을 통해 독자들에게 일부나마 전달된다면 큰 기쁨이겠다. 긴 여정이었지만 결국 이 책이 세상의 빛을 볼 수 있게 애써 주신 유유출판사에 감사의 마음을 전한다.

우정, 나의 종교
: 세기말, 츠바이크가 사랑한 벗들의 기록

2016년 4월 24일 초판 1쇄 발행
2019년 12월 24일 초판 2쇄 발행

지은이   **옮긴이**
슈테판 츠바이크   오지원

펴낸이   **펴낸곳**   **등록**
조성웅   도서출판 유유   제406-2010-000032호(2010년 4월 2일)

                 주소
                 경기도 파주시 책향기로 337, 308-403 (우편번호 10884)

전화   **팩스**   **홈페이지**   **전자우편**
070-8701-4800   0303-3444-4645   uupress.co.kr   uupress@gmail.com

페이스북   **트위터**
www.facebook.com/uupress   www.twitter.com/uu_press

편집   **독자 교정**   **디자인**
안희주   전은재   이기준

                 제작   **인쇄**   **제책**
                 제이오   (주)재원프린팅   (주)정문바인텍

ISBN 979-11-85152-47-9 03990

이 도서의 국립중앙도서관 출판시도서목록(CIP)은 서지정보유통지원시스템
홈페이지(seoji.nl.go.kr)와 국가자료공동목록시스템(www.nl.go.kr/kolisnet)에서
이용하실 수 있습니다.(CIP제어번호: CIP2016009680)

공부

공부의 기초

공부하는 삶
배우고 익히는 사람에게 필요한 모든 지식
앙토냉 질베르 세르티양주 지음, 이재만 옮김

공부 의욕을 북돋는 잠언서. 프랑스는
물론이고 영미권에서는 지금까지도
이 책을 공부의 길잡이로 삼아 귀중한
영감과 통찰력, 용기를 얻었다고
고백하는 독자가 적지 않다.
지성인의 정신 자세와 조건, 방법에
대해 알뜰하게 정리한 프랑스의
수도사 세르티양주는 공부가 삶의
중심이며 지성인은 공부를 위해
삶 자체를 규율해야 한다고 말한다.

공부책
하버드 학생들도 몰랐던 천재 교수의
단순한 공부 원리
조지 스웨인 지음, 윤태준 옮김

공부를 지식의 암기가 아닌 지식의
활용이라는 관점에서 보고 그런
공부를 하도록 안내하는 책. 학생의
자주성만큼이나 선생의 역할이
중요함을 강조한 저자는 이 책에서
기본적으로 선생과 학생이 있는
교육을 중심에 두고 공부법을
설명한다. 단순하고 표준적인 방법을
확고하고 분명한 어조로 말한 책으로,
그저 지식만 습득하는 공부가 아닌
삶의 기초와 기조를 든든하게 챙길
공부를 원하는 사람이라면 일독해야
할 책이다.

평생공부 가이드
브리태니커 편집장이 완성한 교양인의
평생학습 지도
모티머 애들러 지음, 이재만 옮김

인간의 학식 전반을 개관하는
종합적 교양인이 되기를 원하며
거기에서 지혜를 얻으려는 사람을
위한 안내서. 미국의 저명한
철학자이자 전설적인 브리태니커
편집장이었던 저자는 평생공부의
개념마저 한 단계 뛰어넘어,
인간으로서 이룰 수 있는 수준 높은
교양의 경지인 르네상스인이
되고자 하는 이들을 위해 인류가
이제까지 쌓아 온 지식을 제대로
파악할 수 있는 지도를 완성했다.
이제 이 지도를 가지고 진정한 인문학
공부 여행을 떠나도록 하자.

단단한 공부

내 삶의 기초를 다지는 인문학 공부법

윌리엄 암스트롱 지음, 윤지산 윤태준 옮김

듣는 법, 도구를 사용하는 법, 어휘를
늘리는 법, 생각을 정리하는 법 등
효율적인 공부법을 실속 있게
정리한 작지만 단단한 책. 원서의
제목 'Study is Hard Work'에서도
짐작되듯 편하게 익히는 공부법이
아니라 고되게 노력하여 배우는
알짜배기 공부법이므로, 이 책을
따라 익히면 공부의 기본기를 제대로
닦을 수 있다.

단단한 독서

내 삶의 기초를 다지는 근본적 읽기의
기술

에밀 파게 지음, 최성웅 옮김

KBS 'TV, 책을 보다' 방영 도서.
프랑스인이 100년간 읽어 온
독서법의 고전. 젊은 번역가가
새롭게 번역한 이 책을 통해 이제
한국 독자도 온전한 번역본으로
파게의 글을 읽을 수 있다. 프랑스는
물론이고 유럽 각국의 교양인이
지금까지도 에밀 파게의 책을 읽는
이유는 이 책에 아무리 오랜 세월이
흘러도 변치 않는 근본적인 독서의
기술이 알뜰살뜰 담겨 있기 때문이다.
파게가 말하는 독서법의 요체는
'느리게 읽기'와 '거듭 읽기'다.
파게에게 느리게 읽기는 제일의 독서
원리이며, 모든 독서에 보편적으로
적용된다.

단단한 과학 공부
내 삶의 기초를 다지는 자연과학 교양
류중랑 지음, 김택규 옮김

박학다식한 노학자가 과학의 다양한
분야를 이해하기 쉽게 설명한 안내서.
작게는 우리 몸 세포의 움직임이
우리의 마음에 어떻게 반응하는지부터
크게는 저 우주의 은하와 별의
거리까지, 우리를 둘러싼 세상을
과학의 눈으로 바라보게 한다. 곳곳에
스며든 인간적 시선과 통찰, 유머가
읽는 즐거움을 더한다.

단단한 사회 공부
내 삶의 기초를 다지는 사회과학 교양
류중랑 지음, 문현선 옮김

우리가 상식으로 알고 있는 사회
현상을 근본부터 다시 짚어 보게
하는 책. 일상생활에서 자주 접하는
일화들을 알기 쉽게 설명해 과거와
현재 그리고 미래에 일어났고
일어나고 있고 일어날 일을 스스로
생각하고 판단하게 한다. 역사의
흐름을 한 축으로, 이성을 기반으로
하는 과학 정신을 다른 한 축으로 하는
이 책은 사회를 보는 안목을 높인다.

공부하는 사람 시리즈

공부하는 엄마들
인문학 초보 주부들을 위한 공부 길잡이
김혜은, 홍미영, 강은미 지음

공부하고 싶지만 어떻게 하면 좋을지
알지 못하는 엄마들 그리고 모든 이를
위한 책. 인문 공동체에 용감하게
뛰어들어 처음부터 하나하나 시작한
세 주부의 글로 꾸며졌다. 자신의
이야기부터 비슷한 경험을 하고
있는 다른 주부와 나눈 대화, 여기에
도움이 될 만한 도서 목록, 공부하는
사람과 함께할 수 있는 인문학
공동체의 목록까지 책 말미에 더해
알차게 담아냈다.

번역자를 위한 우리말 공부
한국어를 잘 이해하고 제대로 표현하는 법
이강룡 지음

외국어 실력을 키우는 번역 교재가
아니라 좋은 글을 판별하고 훌륭한
한국어 표현을 구사하는 태도를 길러
주는 문장 교재. 기술 문서만 다루다
보니 한국어 어휘 선택이나 문장
감각이 무뎌진 것 같다고 느끼는 현직
번역자, 외국어 구사 능력에 비해
한국어 표현력이 부족하다 여기는
통역사, 이제 막 번역이라는 세계에
발을 디딘 초보 번역자 그리고 수많은
번역서를 검토하고 원고의 질을
판단해야 하는 외서 편집자가 이 책의
독자다.

동사의 맛
교정의 숙수가 알뜰살뜰 차려 낸 우리말
움직씨 밥상
김정선 지음

20년 넘도록 문장을 만져 온 전문
교정자의 우리말 동사 설명서.
헷갈리는 동사를 짝지어 고운 말과
깊은 사고로 풀어내고 거기에 다시
이야기를 더해 재미있게 읽을 수
있도록 했다. 일반 독자라면 책 속
이야기를 통해 즐겁게 동사를 익힐
수 있을 것이고, 우리말을 다루는
사람이라면 사전처럼 요긴하게 쓸 수
있을 것이다.

내 문장이 그렇게 이상한가요?
내가 쓴 글, 내가 다듬는 법
김정선 지음

어색한 문장을 살짝만 다듬어도 글이
훨씬 보기 좋고 우리말다운 문장이
되는 비결이 있다. 20년 넘도록 단행본
교정 교열 작업을 해 온 저자 김정선이
그 비결을 공개한다. 저자는 자신이
오래도록 작업해 온 숱한 원고들에서
공통으로 발견되는 어색한 문장의
전형을 추려서 뽑고, 문장을 이상하게
만드는 요소들을 간추린 후 어떻게
문장을 다듬어야 유려한 문장이 되는지
요령 있게 정리해 냈다.

고전

노자를 읽다
전쟁의 시대에서 끌어낸 생존의 지혜

양자오 지음, 정병윤 옮김

신비에 싸여 다가가기 어렵다고
여겨지는 고전 『노자』를 문자 그대로
읽고 사색함으로써 좀 더 본질에
다가가고자 시도한 책. 양자오는
『노자』를 둘러싼 베일을 거둬 내고
본문의 단어와 문장 자체에 집중한다.
그렇게 하여 『노자』가 나온 시기를
새롭게 점검하고, 거기서 끌어낸
결론을 바탕으로 『노자』가 고대
중국의 주류가 아닌 비주류 문화인
개인주의적 은자 문화에서 나온
책이라고 주장한다. 더불어 『노자』의
간결한 문장은 전쟁을 종결하고
백성을 편하게 하고자 군주에게 직접
던지는 말이며, 이 또한 난무하는
제자백가의 주장 속에서 살아남기
위한 전략이라고 말한다.

장자를 읽다
쓸모없음의 쓸모를 생각하는 법

양자오 지음, 문현선 옮김

장자는 송나라 사람으로 알려져 있다.
송나라는 주나라에서 상나라를
멸망시킨 뒤 후예들을 주나라와
가까운 곳에 모아 놓고 살도록 만든
나라다. 상나라의 문화는 주나라와
확연히 달랐고, 중원 한가운데에서,
이미 멸망한 나라의 후예가 유지하는
문화는 주류 문화의 비웃음과 멸시를
받았다. 그러나 춘추전국 시대로
접어들면서 주나라의 주류 문화는
뿌리부터 흔들렸다. 그런 주류 문화의
가치를 조롱하는 책이며 우리에게도
다른 관점으로 지금을 되돌아볼 수
있는 기회를 준다.
책의 앞머리에서 고대 중국의 주류
문화와 비주류 문화의 간극을
설명하고, 장자의 역사 배경과 사상
배경을 훑고 『장자』의 판본이 어떻게
달라졌는지 살펴본 다음, 『장자』의
「소요유」와 「제물론」을 분석한다.
저자는 허세를 부리는 듯한 우화와
정신없이 쏟아지는 궤변, 신랄한
어조를 뚫고 독자에게 『장자』의
핵심에 접근하는 방법을 알려 준다.
중국의 문화 전통에서 한쪽에 밀려나
잊혔던 하나의 커다란 맥을 이해하고
새롭게 중국 철학과 중국 남방 문화를
일별하는 기회를 얻는 동시에 다시금
'기울어 가는 시대'를 고민하는
기회를 갖게 될 것이다.

자본론을 읽다
마르크스와 자본을 공부하는 이유
양자오 지음, 김태성 옮김

마르크스 경제학과 철학의 탄생,
진행 과정과 결과에 이르기까지
역사의 맥락과 기초 개념을 짚어
가며 『자본론』의 핵심 내용을
간결하고 정확한 시각으로 해설한 책.
타이완에서 자란 교양인이 동서양의
시대 상황과 지적 배경을 살펴 가면서
썼기에 비슷한 역사 경험을 가진
한국인의 피부에 와 닿는 내용이
가득하다.

서양고전강의 시리즈

종의 기원을 읽다
고전을 원전으로 읽기 위한 첫걸음
양자오 지음, 류방승 옮김

고전 원전 독해를 위한 기초체력을
키워 주는 서양고전강의 시리즈
첫 책. 인간과 자연의 관계를
변화시킨 『종의 기원』에 대한 새로운
해설서다. 저자는 섣불리 책을
정의하거나 설명하지 않고 책의
역사적, 지성사적 맥락을 흥미롭게
들려줌으로써 독자들을 고전으로
이끄는 연결고리가 된다.

꿈의 해석을 읽다
프로이트를 읽기 위한 첫걸음
양자오 지음, 문현선 옮김

인간과 인간 자아의 관계를 바꾼
『꿈의 해석』에 관한 교양서. 19세기
말 유럽의 독특한 분위기, 억압과
퇴폐가 어우러지며 낭만주의가
극에 달했던 그 시기를 프로이트를
설명하는 배경으로 삼는다. 또한
프로이트가 주장한 욕망과 광기
등이 이후 전 세계 문화와 예술에
미친 영향을 들여다보며 현재의
우리에게는 어떤 의미인지 점검한다.

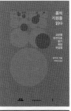

1일1구
내 삶에 힘이 되는 고전명언 365
김영수 지음

하루에 한 구절씩 맛보는 고전의
풍미. 마르지 않는 지혜의 샘.
고전에는 과거와 현재와 미래를
관통하는 선현의 지혜가 담겼다.
그러나 이 오래된 지혜를 요즘의
독자가 문화와 역사를 단숨에
뛰어넘어 이해하기는 쉽지 않다.
중국 고전 학자이자 『사기』 전문가인
저자가 중국의 300여 고전 중에서
명구를 엄선하여 독자가 부담 없이
읽어 볼 수 있도록 소개했다. 원문을
함께 실려 있어 고전의 또 다른
맛과 멋을 느낄 수 있다.

하루 한자 공부
내 삶에 지혜와 통찰을 주는
교양한자 365
이인호 지음

하루에 한 자씩 한자를 공부할 수
있는 책. 한자의 뿌리를 해설한
여러 고전 문헌과 여러 중국학자의
연구 성과를 두루 훑어 하루에
한자 한 자씩을 한자의 근본부터
배울 수 있도록 한다. 무조건
암기하기보다는 한자의 기초부터
공부하도록 해 한자에 대한
기초체력을 키우는 데 중점을 둔
책으로, 하루 한 글자씩 익히다
보면 어느새 한자에 대한 자신감이
붙을 것이다.

중국

야만의 시대, 지식인의 길
중국사 지성의 상징 죽림칠현, 절대 난세에 답하다
류창 지음, 이영구 외 옮김

중국 중앙방송 '백가강단'에서 절찬리
방영된 역사 교양강의.
동아시아 지식인의 원형, 죽림칠현의
파란만장한 인생을 유려하게 풀어낸
수작. 문화와 예술 방면에서는
화려하고도 풍부한 열정이
가득했으나 정치적으로는 권력으로
인한 폭력과 압박으로 처참했던 위진
시기. 입신하여 이름을 떨치느냐
은둔하여 자유를 추구하느냐의
갈림길에서 유교와 도교를 아우른
지식인의 고뇌가 깊어진다. 뛰어난
재능과 개성으로 주목받았던
일곱 지식인. 그들의 고민과 선택,
그로 인한 다채로운 삶은 독자에게
현재의 자리를 돌아보고 앞으로
나아갈 길을 다시 생각하게 한다.

중국, 묻고 답하다
미국이 바라본 라이벌 중국의 핵심 이슈 108
제프리 와서스트롬 지음, 박민호 옮김

108개의 문답 형식으로 중국의 교양을
간결하게 정리한 이 책은 중국을
왜 그리고 어떻게 이해해야 하는지
알고자 하는 독자에게 유익하다.
술술 읽히는 이야기를 따라가다 보면
과거의 중국에 대한 정보부터 오늘날
중국에서 가장 중요한 인물과 사건까지
한눈에 파악된다. 교양인이 반드시
알아야 할 내용으로 가득한 미국
중국학 전문가의 명저.

명문가의 격
고귀하고 명예로운 삶을 추구한 중국 11대 가문의 DNA
홍순도 지음

중국을 이끈 명문가 열한 가문을
엄선해 그들이 명문가로 자리 잡을 수
있었던 근원과 조상의 정신을 이어받은
후손의 노력을 파헤친 중국전문가의
역작. 3년간의 자료 조사와 현지
취재로 생생한 역사와 현장감이
느껴진다. 동아시아의 큰 스승 공자
가문부터 현대 중국을 있게 한 모택동
가문에 이르기까지, 역사 곳곳에 살아
숨 쉬는 가문의 일화와 그 후손이
보여 주는 저력은 가치 있는 삶과
품격이 무엇인지 생각하게 한다.

옥스퍼드 중국사 수업

세계사의 맥락에서 중국을 공부하는 법

폴 로프 지음, 강창훈 옮김

한 나라를 제대로 공부하려면
역사부터 시작하는 게 가장 무난한
방법이다. 중국을 다루는 역사서는
다양하지만 이제까지 중국에
큰 관심을 두지 않았던 독자라면
중국사 전체를 일별할 수 있는
통사부터 시작하는 편이 좋다. 이 책의
가장 큰 장점은 서구 중국학계의 최신
연구 성과가 착실하게 반영되어 있고,
이를 스토리텔링 기법으로 설명하고
있다는 점이다.

그만큼 탄탄한 학술적 성과 위에
흥미진진하게 쓰였다. 서구 중국학
연구의 메카 옥스퍼드대학교에서
기획한 이 책은 '새로운 옥스퍼드
세계사 시리즈'의 한 권으로,
중국의 역사를 세계사의 맥락에서
교류와 융합이라는 관점을 가지고
조망한 책이다.

교양

열린 인문학 강의
전 세계 교양인이 100년간 읽어 온
하버드 고전 수업
윌리엄 앨런 닐슨 엮음, 김영범 옮김

'하버드 고전'은 유사 이래로
19세기까지의 인류의 지적 유산을
담은 위대한 고전을 정선한
시리즈로서 인류의 위대한 관찰과
기록, 사상을 담고 있다. 이 책은
하버드 고전을 읽기 위한 안내서로
기획되었으며 하버드를 대표하는
교수진이 인문학 고전과 대표 인물을
망라하여 풍부한 내용을 정제된
언어로 소개한다.

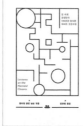

부모인문학
교양 있는 아이로 키우는 2,500년 전통의
고전공부법
리 보틴스 지음, 김영선 옮김

문법, 논리학, 수사학을 가르치는
서양의 전통 교육은 아이에게
인문학적 소양을 갖추게 하는 좋은
공부법이다. 모든 교육의 목적은 결국
새로운 정보를 저장하고(문법), 처리
검색하며(논리학), 표현하는(수사학)
능력을 키우는 것인데, 이 책에는
아이가 성인이 되어 자립적으로
살아갈 수 있는 키워 주는
고전공부법이 담겼다. 저자는
이 고전공부법을 소개하고 이를 현대
상황에 맞게 적용하는 법을 솜씨 있게
정리했다.

동양의 생각지도

어느 서양 인문학자가 읽은 동양 사유의 고갱이

릴리 애덤스 벡 지음, 윤태준 옮김

동서양 문화의 교류, 융합의 추구가 인류를 아름다운 미래로 이끄는 중요한 토대가 된다는 믿음을 바탕으로, 저자가 동양 여러 나라의 정신을 이루는 철학과 사상을 오랜 시간 탐사하고 답사한 결과물. 기본적으로 동양에 대해 철저히 무지한, 또는 그릇된 선입견을 가진 서양의 일반 독자를 위한 안내서이지만 서양이라는 타자를 통해 우리 자신이 속한 동양을 새로운 시각으로 되돌아보는 좋은 기회를 얻을 수 있다.

인문세계지도

지금의 세계를 움직이는 핵심 트렌드 45

댄 스미스 지음, 이재만 옮김

지구의 인류가 살아가는 데 가장 큰 영향을 미치는 핵심 이슈와 트렌드를 전 세계적 범위에서 체계적이고 시각적으로 정리한 책. 전 세계의 최신 정보와 도표를 첨단 그래픽으로 표현하였고, 부와 불평등, 전쟁과 평화, 민주주의와 인권, 인류의 건강, 지구의 환경이라는 다섯 가지 주요 쟁점을 인류 전체의 진보라는 관점에서 다룬다. 다양한 이미지에 짧고 핵심적인 텍스트가 곁들여지므로 전 세계를 시야에 품고 공부하고자 하는 이들이 곁에 두고 참고하기에 좋다.

엔지니어의 인문학 수업
르네상스인을 꿈꾸는 공학도를 위한 필수교양

새뮤얼 플러먼 지음, 김명남 옮김

엔지니어의 눈으로 보고 정리한,
엔지니어를 위한 인문 교양 안내서.
물론 보통의 독자에게도 매력적이다.
엔지니어의 눈으로 본 인문학의
각 분야는 참신하고 유쾌하다.
엔지니어 특유의 군더더기 없는
문장으로 아직 인문학 전반에 낯선
독자에게나 인문학에 거리감을
느끼는 엔지니어에게 추천할 수 있는
좋은 책이다.

같이의 가치를 짓다
청년 스타트업 우주 WOOZOO의 한국형 셰어하우스 창업 이야기

셰어하우스 우주 WOOZOO

김정헌, 계현철, 이정호, 조성신, 박형수 지음

'셰어하우스'라는 대안 주거를
구현한 젊은 기업 우주woozoo의
창업부터 지금까지의 이야기를
담은 책. 현실의 주거 문제, 하고 싶은
일을 실천하려는 힘과 도전 정신,
가족이라는 문제, 공유 의식, 청년
문제 등 여러 가지 관점에서 다양하게
생각할 거리를 던져 준다. 무엇보다
그 모든 것을 아우르는 젊고 유쾌한
에너지가 책 전체에 넘쳐 독자를
즐겁게 한다.

공부해서 남 주다
대중과 교양을 나누어 성공한 지식인들의 남다른 삶

대니얼 플린 지음, 윤태준 옮김

지식이 권력인 사회에서, 대중과
지식을 나누어 성공한 지식인들의
남다른 삶을 다룬 책. 이들은
일반적인 교육의 혜택을 받지 못하고
스스로 노력해 얻은 지식을 대중과
함께하고자 했고, 그 노력은 수많은
이를 역사, 철학, 문학, 경제학의
세계로 이끌었다. 지식의 보급과
독점이 사회에서 각각 어떤 영향을
끼치는지, 어떤 미래를 만드는지
생각하도록 한다.

문장들

시의 문장들
굳은 마음을 말랑하게 하는 시인의 말들

김이경 지음

문득 들려오는 시 한 구절에 마음이
설레면서도 정작 어떻게 시를
읽을지 모르는 이들에게 저자가
제안하는 방법은 그 한 구절에
비친 마음을 들여다보는 것이다.
이 책에는 저자가 시의 어느
한 구절에서 받은 감정이 편안하게
적혀 있다. 그 글은 때로 내 마음을
달래 주기도 하고, 때로 고개를
갸웃하게 하기도 하고, 때로 울컥
눈물을 부르기도 한다. 그리고
그 감정들을 불러일으킨 시를 모두
읽고 싶게 만든다.

어떻게 시를 읽을까, 혹은 시로
다가드는 마음이 어떤 것일까
궁금한 독자에게 저자는 (시의)
"그 문장이 있어 삶은 잠시 빛난다.
반딧불 같은 그 빛이, 스포트라이트
한 번 받은 적 없는 어둑한 인생을
살 만하게 만든다"라고 고즈넉이
읊조린다. 저자는 자신이 시를 읽은
이야기를 들려주면서 자신이 전한
시 한 줄이 독자들에게 "하나의
큰 세계로 이르는 길목이 되기를
바랄 뿐"이라고 말한다.

사람

내가 사랑한 여자

공선옥 김미월 지음

소설가 공선옥과 김미월이 그들이
사랑하고, 사랑하기에 모든 이들과
함께 이야기를 나누고 싶은 여자들에
대해 쓴 산문 모음. 시대를 앞서
나갔던 김추자나 허난설헌 같은
이부터 자신의 시대에서 눈을 돌리지
않았던 케테 콜비츠나 한나 아렌트에
이르기까지, 세상 그 누구보다
인간답게 여자답게 살아갔던 이들을
사랑하는 마음을 담아 찬사했다.
더불어 여자가, 삶이, 시대가 무엇인지
돌아보게 하는 아름다운 책이다.

위로하는 정신

체념과 물러섬의 대가 몽테뉴

슈테판 츠바이크 지음, 안인희 옮김

세계적 전기 작가 슈테판 츠바이크가
쓴 몽테뉴 평전. 츠바이크의 마지막
작품이기도 하다. 츠바이크는 세계
대전과 프랑스 내전이라는 광란의
시대를 공유한 몽테뉴를 통해 자신의
이야기를 한다. 자기 자신이 되고자
끝없이 물러나며 노력했던 몽테뉴.
전쟁을 피해 다른 나라로 갔지만 결국
안식을 얻지 못한 츠바이크. 두 사람의
모습에서 혼란한 시대를 살아가는
사람의 자세를 사색하게 된다.

찰리 브라운과 함께한 내 인생

찰스 슐츠 지음, 이솔 옮김

『피너츠』의 창조자 찰스 슐츠가
직접 쓴 기고문, 책의 서문, 잡지에
실린 글, 강연문 등을 묶은 책.
『피너츠』는 75개국 21개의 언어로
3억 5,500만 명 이상의 독자가
즐긴 코믹 스트립이다. 오랜 세월
동안 독자들은 언제나 실패와
좌절을 거듭하지만 포기하지 않는
찰리 브라운과 그의 친구들의
다채롭고 개성 있는 성격에 공감했고,
냉소적이고 건조한 듯하면서도
부드럽고 따뜻한 느낌의 이야기에
울고 웃었다. 이 사랑스러운 캐릭터와
이야기의 뒤에는 50년간 17,897편의
그림과 글을 직접 그리고 썼던 작가
찰스 슐츠가 있다. 스스로 세속의
인문주의자라고 평하기도 했던
슐츠는 깊이 있고 명료한 글을
쓸 줄 아는 작가였다. 슐츠 개인의
역사는 물론 코믹 스트립을 포함한
만화라는 분야에 대한 그의 관점과
애정, 그의 인생에서 가장 큰 자리를
차지한 『피너츠』에 대한 갖가지 소회,
이 작품에 등장하는 여러 캐릭터를
만들게 된 창작의 과정과 그 비밀을
오롯이 드러내 보인다.

내 방 여행하는 법
세상에서 가장 값싸고 알찬 여행을 위하여

그자비에 드 메스트르 지음, 장석훈 옮김

저자는 금지된 결투를 벌였다가
42일간 가택 연금형을 받았고,
무료를 달래기 위해 자기만의 집 안
여행을 시작한다. 그리고 그 여행을
적은 기록은 출간 후 베스트셀러가
되었다. 여행 개념을 재정의한 여행
문학의 고전으로, 18세기 서양
문학사에서 여러모로 선구적인 작품
가운데 하나로 꼽힌다. 적은 분량에도
불구하고 형식과 주제가 분방하고,
경쾌하면서도 깊은 여운을 남기는
문체를 지녀 훗날 수많은 위대한
작가들에게 영향을 주었다.
이 책은 여행에 대한 우리의
고정관념을 뒤집는다. 몇 평 안 되는
좁고 별것 없는 내 방 안에서도 여행은
가능하다고. 진정한 여행이야말로
새롭고 낯선 것을 '구경'하는 일이
아니라 '발견'함으로써 익숙하고
편안한 것을 새롭고 낯설게 보게
하는 일이라고. 물론 작가가 이런
이야기를 구구절절 늘어놓지는
않는다. 다만 자신이 직접 이 '여행'을
어떤 방식으로 해냈는지를 섬세하게
묘사함으로써 이 임무를 상징적으로
수행한다. 숱한 작가들에 의해
되풀이해서 읽히고 영향을 미친
이 작품은 여행의 개념을 재정의하는
고전이 되었고, 지금도 여전히 수많은
독자에게 읽히고 있다.

박물관 보는 법
보이지 않는 것을 보는 감상자의 안목
황윤 글, 손광산 그림

박물관을 제대로 알고 감상하기 위한 책. 소장 역사학자이자 박물관 마니아인 저자가 오래도록 직접 발품을 팔아 수집한 자료와 직접 현장을 누비면서 본인이 듣고 보고 느낀 내용을 흥미로운 스토리텔링 방식으로 집필했다. 우리 근대 박물관사의 흐름을 한눈에 꿰게 할 뿐 아니라 그 흐름을 만들어 간 사람들의 흥미로운 사연과 앞으로 문화 전시 공간으로서 박물관이 나아갈 바람직한 방향까지 가늠하게 해 준다. 일제 치하에서 왜곡된 방식으로 근대를 맞게 된 우리 박물관의 역사도 이제 100여 년이 되었다. 박물관을 설립하는 데 관여한 사람들과 영향을 준 사건들을 살피다 보면 유물의 소장과 보관의 관점에서 파란만장한 우리 근대 100년사를 일별할 수 있다. 또한 공간의 관점에서도 단순히 유물과 예술품을 전시하는 건물로만 여겼던 박물관이 색다르게 다가온다. 보이지 않던 박물관의 면모가 보이고 이를 통해 박물관을 관람하는 새로운 시야를 열어 줄 것이다.

땅콩
문고

책 먹는 법
든든한 내면을 만드는 독서 레시피
김이경 지음

저자, 번역자, 편집자, 논술 교사, 독서 모임 강사 등 텍스트와 관련한 여러 가지 일을 오래도록 섭렵하면서 단련된 독서가 저자 김이경이 텍스트 읽는 법을 총망라하였다. 읽기 시작하는 법, 질문하면서 읽는 법, 있는 그대로 읽는 법, 다독법, 정독법, 여럿이 함께 읽는 법, 어려운 책 읽는 법, 쓰면서 읽는 법, 소리 내어 읽는 법, 아이와 함께 읽는 법, 문학 읽는 법, 고전 읽는 법 등 여러 가지 상황과 처지에 맞게 책을 접하는 방법을 자신의 인생 갈피갈피에서 겪은 체험과 함께 소개한다.

학생이 배우고 익히는 법
미국 명문고 교장이 각계 전문가들과
완성한 실용 공부법

리처드 샌드윅 지음, 이성자 옮김

저자 리처드 샌드윅은 대학교에서
교육 심리학을 공부했고 고등학교의
교장으로 부임해 그 학교를 미국
내 명문학교로 키우는 데 큰 공헌을
한 사람이다. 그는 학생의 공부
습관이나 노하우에 관심을 갖고 꼭
필요한 요령을 파악해 학생에게
도움을 주고자 했다. 그는 이 책을
각 분야의 전문가의 도움을 받아
완성했다. 심리, 교육부터 영양까지
다채로운 분야의 전문가의 조언으로
다듬어진 덕분에 이 책은 교사와
학부모의 높은 신뢰를 받아
오래도록 학생 교육 방면에서
스테디셀러로 자리매김했다.
"학생들이 효율적인 공부를 하기
위한 보편 원칙을 간단히 터득하게
하는 것"을 목적으로 한다고 밝힌
데에서도 알 수 있듯, 이 책은 공부의
보편 원칙을 앞에 놓고 개별 과목의
공부법을 뒤에 두어 먼저 공부할
때 동기를 부여하려 한다. 학생에게
공부란 무엇인지, 왜 공부를 해야
하는지 설명하고, 뒤이어 공부하는
법을 알려 준다.

논픽션 쓰기
퓰리처상 심사위원이 말하는 탄탄한 구조를 갖춘 글 쓰는 법

잭 하트 지음, 정세라 옮김

세상에서 가장 힘 있는 글쓰기, 논픽션 쓰는 법. 저자는 허구가 아닌 사실에 기반을 둔, 예술 창작물보다는 삶의 미학화를 지향하는 글쓰기를 어떻게 하면 좋을지를 자신의 오랜 경험을 바탕으로 구체적인 사례와 모범적인 글을 통해 차분히 정리했다. 저자 잭 하트는 미국 북서부 최대의 유력 일간지 『오레고니언』에서 25년간 편집장으로 일하며 퓰리처상 수상자를 다수 길러 낸 글쓰기 코치다. 구조 잡는 법부터 윤리 문제까지, 논픽션 쓰기의 구체적 노하우를 총망라했다. 저자는 단순히 육하원칙에 따른 사건의 기록이 아니라 인물이 있고, 갈등이 있고, 장면이 있는 이야기, 이 모든 것이 없더라도 독자의 마음을 훔칠 만한 주제가 있는 이야기를 어떻게 써야 하는지, 신문·잡지·책에 실린 글을 예로 들어 독자가 이해하기 쉽게 설명한다. 이 밖에도 신문 기사, 르포, 수필 등 논픽션의 모든 장르를 아우르며 글쓰기 실전 기술을 전수한다.

고양이의 서재
어느 중국 책벌레의 읽는 삶, 쓰는 삶, 만드는 삶

장샤오위안 지음, 이경민 옮김

중국 고전과 인문서를 꾸준히 읽어 착실한 인문 소양을 갖춘 중국의 과학사학자이자 천문학자의 독서 편력기. 학문, 독서, 번역, 편집, 서재, 서평 등을 아우르는 책 생태계에서 살아온 그의 삶에는 책을 좋아하는 사람의 모든 것이 담겨 있다. 과학과 인문학을 오가는 그의 문제의식과 중국 현대사 속에서 살아가는 개인의 관점 역시 놓칠 수 없는 대목이다.